NURIA VARELA es Doctora en Ciencias Jurídicas y Sociales, máster en Estudios Interdisciplinares de Género y en Género y Políticas de Igualdad entre Mujeres y Hombres. Licenciada en Ciencias de la Información por la Universidad Complutense de Madrid, ha trabajado como reportera durante veinte años de los semanarios *Panorama*, *Interviú* y *Tiempo*. Ha cubierto buena parte de los conflictos internacionales ocurridos desde la guerra de Bosnia en 1992 hasta la guerra de Irak de 2003, así como los feminicidios en Ciudad Juárez o el Afganistán de los talibanes. Colabora con numerosas asociaciones y plataformas feministas y fue la primera directora de gabinete del Ministerio de Igualdad en 2008. Es autora, entre otros, de los libros *Íbamos a ser reinas. Mentiras y complicidades que sustentan la violencia contra las mujeres* (2002), *Feminismo para principiantes* (2005, convertido en cómic en 2018 con las ilustraciones de Antonia Santolaya) y *Cansadas* (2017).

En 2019 se ha publicado una nueva edición de *Feminismo para principiantes*, revisada, actualizada y ampliada por la autora.

Papel certificado por el Forest Stewardship Council®

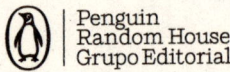

Penguin
Random House
Grupo Editorial

Primera edición en B de Bolsillo: junio de 2024

Printed in Spain – Impreso en España

ISBN: 978-84-1314-828-1
Depósito legal: B-7.007-2024

Impreso en Black Print CPI Ibérica
Sant Andreu de la Barca (Barcelona)

BB 4 8 2 8 1

Feminismo 4.0
La cuarta ola

NURIA VARELA

*A las niñas, a las adolescentes, a las mujeres jóvenes,
a las que sin duda verán la caída del patriarcado*

ÍNDICE

INTRODUCCIÓN

Nosotras, las de siempre, ya no somos las mismas

> Necesitamos desesperadamente un movimiento feminista masivo radical, construido a partir de la fuerza del pasado.
>
> BELL HOOKS

Feminismo 4.0. La cuarta ola es, por así decirlo, la segunda parte o la continuación de *Feminismo para principiantes*, un libro que vio la luz hace justo ahora quince años. Aquel libro nació porque no existía, porque, cuesta creerlo, pero en ese momento apenas había libros feministas de divulgación, los textos clásicos estaban descatalogados y la palabra «feminismo» era poco menos que un anatema, algo que mejor ni mencionar si no querías entrar en conflicto inminente. Pero el feminismo es una vanguardia (una vanguardia que ya tiene tres siglos) y, como tal, no solo no ha parado de avanzar desde que nació, sino que, en su doble vertiente de teoría política y movimiento social, en estos últimos

— 13 —

quince años ha revivido con una fuerza que nunca hubiéramos sospechado cuando nos pasábamos la vida explicando aquello de «feminismo no es lo contrario de machismo».

Ha sido gozoso ver cómo algunas cuestiones planteadas hace 15 años y calificadas como «locuras», que es el término más habitual del patriarcado para descalificar el pensamiento de las mujeres, hoy forman parte del «sentido común». No solo están aceptadas, sino que incluso algunas se han puesto de moda —con todos los riesgos de despolitización que ello conlleva—. En cualquier caso, la primera sensación que deja retomar el relato de *Feminismo para principiantes* quince años después es el orgullo como feminista de todo el trabajo realizado y también de todos los éxitos conseguidos.

La segunda reflexión sobre el tiempo pasado es que está lleno de paradojas. En estos años, el feminismo se ha hecho mayor —porque ha madurado y reflexionado sobre sí mismo como nunca antes lo había hecho— y, al mismo tiempo, ha rejuvenecido —con la militancia extraordinariamente joven que se ha sumado a sus filas—. La teoría feminista, hoy, es prácticamente inabarcable en toda su extensión y en toda su complejidad y, paradójicamente, la última reacción patriarcal es más violenta y reactiva que en épocas anteriores y, además, trae consigo una corriente negacionista que no solo pretende ningunear la teoría feminista, también cuestionar nuestro propio relato vital, castigar a quienes denuncian, insultar a quienes piensan colectivamente, criminalizar a quienes luchan por erradicar la violencia de género; en definitiva, volver a acallar nuestras voces.

De ahí el título de esta introducción. Le robamos el verso al poeta en un antihomenaje. Como decía una de las pancartas más inspiradas de la manifestación del 8 de marzo de 2019: «Neruda, cállate tú». Porque si hay un aspecto que sobresale por encima de todos los demás en estos últimos años es la rotunda ruptura del silencio de las mujeres en todo el mundo. Nosotras, las de siempre, ya no somos las mismas, porque somos más, muchas más; porque tenemos un aprendizaje histórico que en los últimos años hemos tejido en una red tan fuerte como extensa por todo el mundo; porque nuestro cansancio y nuestro hartazgo son un capital político insobornable y porque hemos trabajado lo suficiente como para argumentar con contundencia que el modelo político, económico, social y cultural de la supremacía masculina, blanca y occidental no es sostenible.

Dice Rebecca Solnit que cambiar el relato no es suficiente por sí solo, pero a menudo ha sido fundamental para conseguir cambios reales. Hacer una herida visible y pública es muchas veces el primer paso para subsanarla, y el cambio político a menudo sigue a la cultura, de modo que lo que durante mucho tiempo se había tolerado ahora se vuelve intolerable, o lo que antes se había pasado por alto ahora se convierte en obvio. Esto significa que todo conflicto es, en parte, una batalla sobre la historia que contamos o sobre quién la cuenta y a quién se escucha. Hemos pasado del silencio a la palabra.

A las palabras. El feminismo es polifónico, el sonido de sus múltiples voces se oye, simultáneamente, en todos los rincones del mundo, en distintos tonos y registros. Una melodía con diversas letras, pero con la misma música, la de un proyecto colectivo y emancipador al que nada humano le es ajeno.

1

DE DÓNDE VENIMOS

El feminismo es la idea radical de que las mujeres son personas.

MARIE SHEAR

El tsunami

Un evento complejo que involucra un grupo de olas de gran energía y de tamaño variable que se producen cuando algún fenómeno extraordinario desplaza verticalmente una gran masa de agua. Así, como un tsunami, ha aparecido el feminismo en las primeras décadas del siglo XXI. El «fenómeno extraordinario» es el hartazgo de millones de mujeres en el mundo que han reaccionado de manera impresionante frente a la violencia, la opresión y la discriminación. Dice la geofísica que este tipo de olas remueven una cantidad de agua muy superior a las olas superficiales producidas por el viento y las mareas. Así, la cuarta ola del feminismo, alimentada por las tres anteriores, las redes sociales y la toma de conciencia de las generaciones más jóvenes, está removiendo los cimientos patriarcales como nunca. En el interior de ese gran «evento complejo» también crecen las contradicciones y los discursos que mezclados con los vientos de la posmodernidad plantean nuevos conceptos, nuevas preguntas, nuevas reclamaciones. ¿Conseguirá el tsunami feminista de la cuarta ola arrasar definitivamente con el patriarcado? Feministas del norte y del sur están dispuestas a que así sea tras haber conseguido un movimiento global con el que hace ya trescientos años comenzaron a soñar.

La metáfora del tsunami no es casual. La historia del feminismo se estructura en olas, quizá porque el concepto indica, mucho mejor que un período o una época, que se trata de un movimiento social y político de largo recorrido, conformado por distintos acontecimientos, buena parte de ellos vividos de manera simultánea en distintos lugares del mundo y que tiene su desarrollo según la sociedad en la que nos situemos. Relatar la historia del feminismo a partir de oleadas que se producen en determinados contextos históricos describe el feminismo a la perfección como el movimiento arrollador por la fuerza desatada en torno a la idea de igualdad. La metáfora también es adecuada para explicar las reacciones patriarcales que surgen ante cada progreso feminista. Cada vez que las mujeres avanzamos, una potente reacción patriarcal se afana en parar o en hacer retroceder esas conquistas. Como dice la filósofa Alicia Miyares, toda ola tiene en su interior un reflujo, una resaca, una reacción; es decir, un movimiento que antes de que se llegue a esa igualdad, va horadando, lastrando y restándole fuerza.[1]

El feminismo como idea

El «feminismo como idea» es mucho más antiguo que el movimiento político.[2] Podemos surfear sobre ese «pensamiento» desde la oradora romana Hortensia, famosa por su discurso, en el año 42 antes de nuestra era, contra el pago de impuestos femeninos en el foro de Roma hasta encontrarnos con Hipatia, astrónoma, matemática, música y filósofa asesinada por una turba de fanáticos cristianos en la culta Alejandría. Son solo dos ejemplos. Entre los siglos v al xiv alzan su voz, entre otras muchas, Teodora, esposa del emperador Justiniano de Bizancio, quien consigue prohibir la prostitución forzada, y también Hildegarda de Bingen (1098-1179), física, filósofa, naturalista, compositora, poetisa y lingüista del medievo, autora de uno de los repertorios de música medieval más extensos, del *Libro de medicina compuesta*, considerado el libro base de la medicina, y de una reflexión para no desdeñar: «Cuando Adán miró a Eva quedó lleno de sabiduría». En 1405, Christine de Pizan publica *La ciudad de las damas*, libro en el que defiende la imagen positiva del cuerpo femenino y asegura que otra habría sido la historia de las mujeres si no hubiesen sido educadas por hombres. En su obra elogia la vida

1. Alicia Miyares, «La "cuarta ola" del feminismo, su agenda», *Tribuna feminista*, 11 de marzo de 2018. https://tribunafeminista.elplural.com/2018/03/la-cuarta-ola-del-feminismo-su-agenda/

2. Deborah Cameron, *Feminismo*, Madrid, Alianza editorial, 2019, p. 11.

independiente y aborda temas como la violación o el acceso de las mujeres al conocimiento. Ya en su época, se la consideró la primera mujer que se atrevió a rebatir los argumentos misóginos en defensa de los derechos de las mujeres. En 1609, la partera Louyse Bourgeois publica *Observaciones diversas sobre la esterilidad, el aborto, la fertilidad, el parto y enfermedades de la mujer y los recién nacidos*, tratado en el que plasmó su experiencia de casi dos mil partos en cincuenta capítulos y que se convirtió en una obra imprescindible para la práctica de la obstetricia.[3] La introducción de la física en el campo del conocimiento científico se dio con el libro *Institutions*, escrito por Emilie de Breteuil, marquesa de Châtelet (1706-1749), gran matemática y filósofa.

Gracias al trabajo que las historiadoras feministas han hecho en los últimos años, día a día se van engrosando las listas de mujeres relevantes; nuevos nombres van emergiendo de los agujeros negros en los que habían quedado atrapadas, borradas de los libros y de la memoria; conocemos más sobre su vida, sus obras y también sobre sus relaciones, como la que mantuvieron Mary Somerville y Ada Lovelace. La primera, conocida como «la reina de las ciencias del siglo XIX», matemática, astrónoma y científica autodidacta, fue además tutora y mentora de la segunda, Ada Lovelace, matemática considerada la primera programadora de ordenadores gracias a su trabajo sobre el primer algoritmo destinado a ser procesado por una máquina. Recuperar para la historia las relaciones entre mujeres no es baladí, porque en el borrado sistemático de

3. María Bastarós, Nacho M. Segarra y Cristina Daura, *Herstory: Una historia ilustrada de las mujeres*, Barcelona, Lumen, 2018 p. 40.

nuestra memoria, aquellas mujeres que por cualquier extraordinaria circunstancia habían conseguido mantenerse y llegar a nuestros días aparecían como islotes en medio de un mar de sumisión y mediocridad femenina, como seres únicos, raros. Fijar en el imaginario colectivo la soledad de las desobedientes, incluso la rivalidad y competencia entre mujeres, ha sido una argucia patriarcal combatida por el feminismo desde sus inicios. Es precisamente cuando las mujeres comienzan a articular un «nosotras», femenino plural, cuando comienzan a organizarse y a tomar conciencia de género, cuando aparece el feminismo como teoría política y movimiento social, aparece el feminismo como un proyecto colectivo y emancipador. El «nosotras» femenino plural se transforma en feminismo plural. «La hermandad de las mujeres es poderosa», repetían las feministas radicales.

El John Stuart Mill español

El término «feminismo», en realidad, no comenzó a usarse hasta el siglo XIX. Frente a la idea, durante mucho tiempo aceptada, de que el primero en utilizarla fue Fourier, Geneviève Fraisse, en su libro *Musa de la razón*, deshace este error al aducir que la palabra aparece por vez primera en 1871 en la tesis de medicina *Sobre el feminismo y el infantilismo en los tuberculosos* de Ferdinand-Valère Faneau de la Cour,[4] quien la emplea para significar una «detención

---

4. Geneviève Fraisse, *Musa de la razón*, Madrid, Cátedra, 1991, p. 204, en Rosa María Rodríguez Magda, *La mujer molesta*, Ménades Editorial, ebook, 2019, p. 31.

del desarrollo» en un varón enfermo, lo que atenúa su virilización. No deja de ser curioso que el término surja ligado al sujeto varón y además como efecto patológico. Cuando se traslada por primera vez al ámbito social mantiene ambas características. Alexandre Dumas hijo la utiliza en 1872 en su panfleto antifeminista *L'Homme-Femme*, donde ridiculizaba el movimiento sufragista, debatía sobre el adulterio y atacaba el divorcio. En el texto, de forma irónica, afirma: «Las feministas, perdón por el neologismo, dicen: todo lo malo viene del hecho de que no se quiere reconocer que la mujer es igual al varón, que hay que darle la misma educación y los mismos derechos que al varón».[5] Ante, para él, tamaño despropósito, desprecia a todos aquellos varones que pudieran apoyar estas ideas que pasarían, inmediatamente, a sufrir un proceso de feminización similar al de los tuberculosos. Así, el adjetivo «feminista» se popularizó con un sentido peyorativo, hasta que la sufragista Hubertine Auclert lo resignificó y convirtió en bandera. Un proceso de reapropiación similar al que años después se realizaría con las denominaciones *black* (Black Power en los movimientos en pro de los derechos de la comunidad afrodescendiente) o *queer*, inicialmente, «torcido», «raro», «marginal», y actualmente convertido en teoría y motivo de orgullo.[6]

De esta manera, en el contexto europeo, la primera autoproclamada feminista fue la francesa Hubertine Auclert, quien a partir de 1882 usó el término «feminismo» en su

5. Alexandre Dumas, *L'Homme-Femme,* París, Michel Lévi Frères Éditeurs, 1872, p. 91, en Rosa María Rodríguez Magda, *ibid.*
6. Rosa María Rodríguez Magda, *La mujer molesta,* Ménades Editorial, ebook, 2019.

periódico *La Citoyenne* («La Ciudadana») para describirse a sí misma y a sus compañeras. Hacia 1894-1895, los términos «feminismo» y «feminista» habían cruzado el Canal de la Mancha hacia Gran Bretaña, de tal modo que ya en 1900 no solo aparecían en publicaciones belgas, francesas, españolas, italianas, alemanas, griegas y rusas,[7] sino que ya se habían convertido en términos normativos que se usaban en la calle y en la prensa. De hecho, ese mismo año, en París, aprovechando la Exposición Universal, se celebró un Congreso Feminista al que por cierto acudió Emilia Pardo Bazán, aunque salió bastante decepcionada y enfadada, según escribió posteriormente en un artículo en el que afirmaba que «En los elementos avanzados del Congreso existía una corriente adversa a conceder a la mujer derechos políticos. La imposición política es funesta y extravía hasta los feministas más resueltos».[8]

En España, probablemente fue la maestra Concepción Saiz quien primero usó el término «feminismo» en dos artículos de *La escuela moderna* a lo largo de 1897, ambos titulados «El feminismo en España», aunque quien realmente lo popularizó fue Adolfo Posada con la publicación, en 1899, de su libro *Feminismo*. Posada fue un prestigioso jurista y sociólogo —la historiadora Mary Nash incluso lo califica como el John Stuart Mill español—, que popularizó el término en un contexto cultural estructuralmente patriarcal y misógino, y en medio del cual se muestra como un

7. Karen Offen, *European Feminisms 1700-1950. A political History*, Standford: Standford University Press, 2000, citado en Alba González, *Contra la destrucción teórica. Teorías feministas en la España de la Modernidad*, Oviedo, KRK, 2018, p. 74.

8. Emilia Pardo Bazán, *La mujer y otros escritos*, Madrid, Cátedra, 1999.

decidido partidario de la coeducación y del derecho al voto de las mujeres.[9]

Es realmente difícil resistirse a reproducir parte del prólogo de ese libro pionero que el autor dedica a la Corporación de Antiguos Alumnos de la Institución Libre de Enseñanza:

> Los estudios sobre *feminismo*[10] que forman el presente libro, se publicaron primeramente, como artículos independientes [...] en varios números de *La España Moderna*.[11] Escritos, pues, bajo el influjo de lecturas del momento, y con propósito muy circunstancial, los dos que forman las dos primeras partes, sobre todo, al reunirlos para hacer este libro, fue necesario corregirlos con gran cuidado, adicionarlos o modificarlos en no pocos sitios, y suprimir algunos pasajes que ahora resultarían totalmente inoportunos. En rigor, revisados como van los tres estudios publicados en *La España Moderna*, pueden considerarse como una obra casi enteramente nueva. De no haber hecho esto, los trabajos de la revista citada, resultarían en verdad *anticuados*. Y eso que el más *antiguo* es de 1896. Pero la marcha que sigue en todas partes el llamado *movimiento feminista* es de tal naturaleza, que apenas pasa un día sin que se produzca, o una manifestación doctrinal que debe tomarse en cuenta si se quieren apreciar con la exactitud debida las tendencias del feminismo moderno, o bien una disposición legal, en la cual se consagra alguna modificación de la condición tradicional de la mujer, o bien por último, una institución dedicada a la propaganda del feminismo o a procurar a la mujer nuevos medios de regeneración educativa, política o social.

9. *Ibid.*, p. 75.
10. Las cursivas son del autor.
11. Noviembre de 1896, marzo de 1897, marzo y abril de 1898.

El feminismo, puede afirmarse esto con entera seguridad, es una de las *cuestiones del día*, hace muchos años, en todos los países cultos. Podrán censurarse muchas de las manifestaciones que, con el nombre de feminismo, se presentan en las doctrinas radicales de ciertos espíritus apasionados o excéntricos o, si se quiere, desequilibrados; podrán estimarse como perjudiciales, según muchos feministas declaran, para la misma causa de la justicia que sostiene el feminismo prudente no pocas soluciones mantenidas en Congresos, revistas y libros, por numerosa representación de los partidos ultra-extremos. Pero esto nada importa, para que procediendo imparcialmente, haya que reconocer, que una de las revoluciones más grandes que en este siglo ha empezado a cumplirse, es la que el cambio de la condición política, doméstica, económica, educativa y moral de la mujer, supone. Ni importa tampoco, para que admitamos el hecho inconcluso, del interés que el problema de la mujer despierta en todos los campos, en las clases sociales todas de todos los países civilizados, y el no menos evidente del sin número de reformas efectuadas en el sentido aconsejado por el feminismo.

Y es que la cuestión femenina, aparte de la multitud de problemas que abarca y cuya solución difícil, pide tanta prudencia, tanta habilidad, tan alto espíritu de justicia y tan gran libertad de juicio, en el fondo viene a ser una cuestión de vida o muerte para una porción numerosísima de seres humanos; cuestión de tener o no tener qué comer, de *ganarse la vida* en suma. Las mujeres satisfechas, es decir, las mujeres que, por medio de una herencia o por un matrimonio ventajoso, tienen lo que económicamente necesitan, pueden quizá no reclamar con energía ningún cambio de condición social. Pero, como advierte M. Eduardo Rod, ¿y las que no se casan? Esas imponen en todas partes y en forma que no admite espera, el problema feminista, y lo resuelven de cualquier manera, por aquello de que lo primero es *vivir*.

Y hago punto con esto. Sirvan las indicaciones hechas para explicar cómo se ha formado este libro, y tómelas el lector como justificación de por qué lo publico; pues no puede a mi ver, parecer inoportuno, llamar entre nosotros una vez más la atención de las gentes, hacia un asunto, que por modo tal apasiona en todos los pueblos cultos, y que tanto se estudia en todas partes.

ADOLFO POSADA
Oviedo, 6 de febrero 1899[12]

El feminismo era, a juicio de Adolfo Posada, a finales del siglo XIX, «una de las *cuestiones del día*, hace muchos años, en todos los países cultos». Además, si seguimos al convencido autor, ya en ese momento la metáfora de las olas estaba de alguna manera presente, pues arranca su libro con una reflexión de M. Garrett Fawcet en la que esta, además, alude a dos características presentes en el feminismo desde sus inicios; su vocación internacional y su carácter pacífico:

Uno de los movimientos sociales más notables de cuantos se han producido en la historia es el que gradualmente se desarrolla a la vista de la generación presente. No se halla este circunscrito a un país determinado, antes bien se manifiesta en todas las naciones sometidas al influjo de la civilización occidental. Trátase de una revolución, pero de una revolución sin violencias, o, como decía uno de nuestros amigos, de una revolución sin «R». Las fuerzas que la impulsan son de tres clases: físicas, morales y económicas; pero las fuerzas físicas que aquí obran no son las que levantan barricadas o hacen estallar

12. Adolfo Posada, *Feminismo*, Madrid, Librería de Fernando Fé, 1899, pp. 7-9.

cartuchos de dinamita; sería más propio compararlas con el impulso silencioso e irresistible de la marea que sube [...] ya se comprenderá que la revolución pacífica de que hablamos es la que poco a poco modifica la condición política, educativa e industrial de la mujer en la sociedad.[13]

Las olas del tsunami

Aunque, como decíamos, el feminismo como «idea» es mucho más antiguo que el movimiento político, para la mayor parte de las teóricas en Europa y América Latina, los inicios del feminismo político se ubican a finales del siglo XVIII, con el nacimiento de la Ilustración y al calor de los debates de la Revolución francesa. Por primera vez en la historia aparece el principio de igualdad y las mujeres muestran su estupor al ver como las nuevas ideas y los grandes principios de Libertad, Igualdad y Fraternidad se reducían a los hombres excluyendo a todas las mujeres sin excepción. Frente a las tan revolucionarias como misóginas ideas de Rousseau y demás filósofos del momento se alzaron *Los Cuadernos de Quejas* de las mujeres y especialmente dos textos fundamentales: la *Declaración de los Derechos de la Mujer y de la Ciudadana*, de Olympe de Gouges, en 1791, y, al año siguiente, la publicación de *Vindicación de los derechos de la mujer*, de Mary Wollstonecraft, considerada la obra fundacional del feminismo. El debate feminista ilustrado afirmó la

13. «Le mouvement feministe en Angleterre», *Revue politique et parlementaire* (agosto 1896), citado en Adolfo Posada, *Feminismo*, Madrid, Librería de Fernando Fé, 1899, pp. 13-14.

igualdad entre hombres y mujeres, criticó la supremacía masculina, llamó privilegio al poder que siempre habían ejercido los hombres sobre las mujeres como si se tratara de algo «natural», identificó los mecanismos sociales y culturales que influían en la construcción de la subordinación femenina y elaboró estrategias para conseguir la emancipación de las mujeres. «Los textos fundacionales del feminismo ilustrado avanzaron haciendo énfasis en la idea acerca de la cual las relaciones de poder masculino sobre las mujeres ya no se podían atribuir a un designio divino ni a la naturaleza, sino que eran el resultado de una construcción social. [...] Al apelar al reconocimiento de los derechos de las mujeres como tales, situaron las demandas feministas en la lógica de los derechos.»[14]

Sin embargo, el poder masculino reaccionó con saña. En 1793, las mujeres son excluidas de los derechos políticos recién estrenados. En octubre se ordena que se disuelvan los clubes femeninos. No pueden reunirse en la calle más de cinco mujeres. En noviembre Olympe de Gouges es guillotinada.[15] Muchas mujeres son encarceladas. En 1795 se prohíbe a las mujeres asistir a las asambleas políticas. Aquellas que se habían significado políticamente, dio igual desde qué ideología, fueron llevadas a la guillotina o al exilio. Quince años más tarde, el Código de Napoleón, imitado después por toda Europa, convierte de nuevo el matrimonio en un contrato desigual, exigiendo en su artículo 321 la obediencia de la mujer al marido y concediéndole el divor-

14. Victoria Sau, *Diccionario ideológico feminista*, vol. I, Barcelona, Icaria, 2000, p. 121.
15. *Ibid.*, p. 123.

cio solo en el caso de que este llevara a su concubina al domicilio conyugal.

Al siglo XIX le corresponde la segunda ola, que concluye con la gran Simone de Beauvoir y su *Segundo sexo* (1949). El pistoletazo de salida se dio con la «Declaración de Seneca Falls» o «Declaración de Sentimientos», texto fundacional del sufragismo norteamericano y fruto de la Convención sobre los Derechos de la Mujer que se celebró los días 19 y 20 de julio de 1848 en una capilla metodista del pueblecito de Seneca Falls, en el estado de Nueva York. El sufragismo fue un movimiento de agitación internacional presente en todas las sociedades donde la Revolución industrial y las ideas ilustradas se habían implantado, que tomó dos objetivos concretos —el derecho al voto y los derechos educativos— y consiguió ambos en un período de ochenta años, lo que supone tres generaciones militantes empeñadas en el mismo proyecto.[16] Harriet Taylor (1807-1856) y John Stuart Mill (1806-1873) pusieron las bases de la teoría política en la que creció y se movió el sufragismo, especialmente con el libro *La sujeción de la mujer* (1869). Además del sufragismo, en la segunda ola aparece y se desarrolla el feminismo de clase —marxista, socialista, anarquista—, en el que es ineludible, entre otras figuras destacadas, subrayar el trabajo de Flora Tristán (1803-1844), Clara Zetkin (1857-1933), Alexandra Kollontai (1872-1952) o Emma Goldman (1869-1940).

Las inglesas consiguieron el voto tras la Primera Guerra Mundial (1914-1917). En ese mismo año comienza la Revo-

16. Amelia Valcárcel, «La memoria colectiva y los retos del feminismo», en Amelia Valcárcel y Rosalía Romero (eds.), *Los desafíos del feminismo ante el siglo XXI*, Instituto Andaluz de la Mujer, Sevilla, 2000, pp. 19-54.

lución rusa (1917). Cuando acabó la Segunda Guerra Mundial (1939-1945), en la mayoría de las naciones desarrolladas y en las que se habían dado los procesos de descolonización, el voto de las mujeres era una realidad. El período de entreguerras está marcado por la decadencia del feminismo, que «moría de éxito» tras haber conseguido los objetivos en buena parte del mundo. La segunda ola estaba concluyendo. Fue Simone de Beauvoir (1908-1986), con la publicación de *El segundo sexo*, quien puso la base teórica para una nueva etapa.

El siglo XX verá nacer la tercera ola cuando Betty Friedan escribe *La mística de la feminidad* (1963) bautizando lo que hasta entonces se conocía como «el problema que no tiene nombre», es decir, la domesticidad obligatoria que estaba arrasando con la vida de millones de mujeres. Una tercera ola que llega a su esplendor con el feminismo radical (1967-1975) y todo lo provoca, inspira y plantea,[17] con dos obras fundamentales: *Política sexual*, de Kate Millett, publicada en 1969 y *La dialéctica del sexo*, de Sulamith Firestone, editada al año siguiente. Fue Sulamith Firestone quien formuló el feminismo como un proyecto radical, en el sentido marxista de tomar las cosas por la raíz y, por lo tanto, las radicales irían a la raíz misma de la opresión.

En estas obras el patriarcado se define como un sistema de dominación sexual que es, además, el sistema básico de dominación sobre el que se levantan el resto, como las de clase y raza; aparece el concepto de género como una cate-

17. Esta es la organización de la historia del feminismo que manejaremos en este libro.

goría de análisis que expresa la construcción social de la feminidad y también conceptualizan la idea de casta sexual refiriéndose con ella a la experiencia común de opresión vivida por todas las mujeres. El interés por la sexualidad diferencia al feminismo radical tanto de las feministas de la primera y segunda ola como de las liberales, y con el eslogan de «lo personal es político» las radicales identificaron como centros de dominación áreas de la vida que hasta entonces se consideraban «privadas» y revolucionaron la teoría política al analizar las relaciones de poder que estructuran la familia y las relaciones afectivas.

La mayor parte de las teóricas anglosajonas, sin embargo, no contemplan la primera ola europea y comienzan la historia con el sufragismo, en el siglo XIX, de manera que, para ellas, al siglo XX le corresponde la segunda ola tras los textos de Simone de Beauvoir y Betty Friedan, y a partir de los años ochenta del siglo XX comenzaría la tercera ola. Así que, curiosamente, hecho el relato de una u otra manera, es decir, considerando que la primera ola nace con la Ilustración o, por el contrario, nace con el sufragismo, la cuestión que se debate actualmente, y sobre la cual aún no hay consenso, es si estamos o no en la cuarta ola del feminismo y, si es así, ¿en qué consiste?, ¿qué la diferencia de las anteriores?, ¿cuál es su agenda? A esta cuestión dedicaremos el capítulo tres de este libro, pero antes hagamos una pequeña parada en los últimos años del siglo XX.

A partir de los años ochenta del siglo pasado, el feminismo se puso a sí mismo patas arriba. No quedó idea, concepto, relato o genealogía que no fuese cuestionada, revisada o directamente invalidada, como veremos en el capítulo siguiente. De esa «macrorrevisión» tampoco se libró el modelo de las «olas». A esta forma de explicar la historia se le ha criticado que la simplifica en exceso y también que generaliza demasiado, incluso que es una narración discontinua que oscurece la verdadera continuidad del activismo feminista, que no se ha detenido en ningún momento. Por ejemplo, entre *El segundo sexo*, de Simone de Beauvoir, y *La mística de la feminidad*, de Betty Friedan, transcurrieron catorce años en los que si bien el feminismo vivió horas bajas, no desapareció, ni el movimiento ni el activismo.[18]

Escribe Marina Garcés un relato que bien podría aplicársele al feminismo, aunque ella no lo hace con esa intención:

> Entiendo la ilustración como el combate contra la credulidad y sus correspondientes efectos de dominación. En el giro del siglo XVII al XVIII se dio en Europa un amplio movimiento ilustrado que no se definió por un proyecto común sino por su común rechazo al autoritarismo bajo sus diferentes formas (política, religiosa, moral...). Que la Europa moderna estuviera atravesada por este movimiento no implica, sin embargo, que la ilustración sea un patrimonio vinculado a una identidad cultural, la europea, ni a un período histórico, la modernidad. De hecho, podríamos hacer una historia de la humanidad resiguiendo y tejiendo los hijos de las diversas ilustraciones, muchas de ellas nunca escuchadas, en diversos tiempos y partes del mundo. La ilustración no es el combate de la ciencia contra la religión o de la razón contra la fe. Lo que la ilustración radical exige es poder ejercer la libertad de someter cualquier saber y

18. Deborah Cameron, *op. cit.*, pp. 15-16.

cualquier creencia a examen, venga de donde venga, la formule quien la formule, sin presupuestos ni argumentos de autoridad. Este examen necesario, sobre la palabra de los otros, y, especialmente, sobre el pensamiento propio, es a lo que empiezan a llamar entonces, de manera genérica, la crítica.[19]

Yo sí soy hija de Betty Friedan

Amelia Valcárcel se refiere de hecho al feminismo como «un hijo no querido de la Ilustración» y también se lo cataloga como una teoría crítica que además, desde sus inicios, se ha caracterizado por ser un movimiento no dirigido y escasamente, por no decir nada jerarquizado, como señaló Jo Freeman en su artículo, convertido ya en un clásico, *La tiranía de la falta de estructuras*, en el que reflexiona sobre los experimentos del movimiento feminista al resistir la idea de líderes e incluso descartar cualquier estructura o división del trabajo. Tampoco el feminismo se ajusta al modelo clásico masculino de movimiento filosófico o corriente teórica; como señala Deborah Cameron,[20] no se centra en las obras de un canon consensuado de «Grandes Pensadoras». Hay algunos textos teóricos que son indudablemente reconocidos, como *Vindicación de los derechos de la mujer*, de Mary Wollstonecraft (1792), *El segundo sexo*, de Simone de Beauvoir o *Política sexual*, de Kate Millett, pero sería difícil hacer una lista consensuada entre todas las feministas.

19. Marina Garcés, *Nueva ilustración radical*, Barcelona, Anagrama, 2017, pp. 33-37.
20. Deborah Cameron, *op. cit.*, p. 17.

Malditas es un gran ejemplo. El libro que Itziar Ziga publica en 2014 está dedicado precisamente a una «estirpe transfeminista», al reconocimiento de todas las feministas negras, anarquistas, transexuales, bolleras, prostitutas, pobres... que se la han jugado por una lucha feminista radical para combatir todas las opresiones que atraviesan sus vidas y las nuestras a la vez.[21] Ziga inicia su libro con un texto de presentación con el título «Yo no soy hija de Betty Friedan»,[22] para subrayar que el inmenso movimiento feminista occidental posterior a la Segunda Guerra Mundial lo emprendieron una multitud de mujeres al mismo tiempo, mujeres privilegiadas por educación y posición en el mundo junto a mujeres olvidadas incluso por la propia historia del feminismo. Ziga se pregunta: Mientras Betty Friedan escribía *La mística de la feminidad*, ¿qué hacían entretanto las obreras, las lesbianas, las negras, las chicanas, las putas, las transexuales, las madres solteras, las monjas, las desempleadas?, ¿no luchaban contra su propia y específica opresión?, ¿no aportaron nada al feminismo?[23] No hay duda de que Ziga tiene razón, especialmente cuando cita a Sayak Valencia: «El feminismo no es uno, sino que en su composición puede ser comparado con una gota de mercurio que estalla y se pluraliza, pero que guarda dentro de sí una composición que le permite multiplicarse, separarse y volver a unirse por medio de alianzas», y también cuando apela a los feminismos para que trabajen juntos contra un enemigo común a favor de todas las agendas y reivindicaciones.

21. Itziar Ziga, *Malditas*, Tafalla, Txalaparta, 2014, p. 13.
22. *Ibid*., p. 9.
23. *Ibid*., pp. 9-10.

Adrienne Rich reflexionaba sobre esta facilidad con la que se borran datos y nombres de las genealogías feministas en el prólogo de *Sobre mentiras, secretos y silencios*: «Toda la historia de la lucha de las mujeres por su autodeterminación ha quedado sepultada bajo el silencio una y otra vez. Un grave obstáculo cultural con el que se topa cualquier autora feminista es la tendencia a recibir cada obra feminista como si surgiera de la nada; como si cada una de nosotras hubiera vivido, pensado y trabajado sin un pasado histórico y sin el contexto de un presente. Este es uno de los procedimientos por los que las obras y el pensamiento de las mujeres se han presentado como algo esporádico, accidental, huérfano de tradición propia».[24]

Parece entonces que en este punto sí hay consenso. Necesitamos acabar de reconstruir una gran genealogía feminista, *sin papeles secundarios*, en la que no olvidemos a nadie, tampoco a Betty Friedan. Aunque si ya Adolfo Posada se quejaba, a finales del siglo XIX, de lo difícil que era seguir la «marcha» al movimiento feminista de entonces, en este momento se trata de una tarea inmensa, sin duda, pero tan colosal como imprescindible y urgente.

El sufragio en Nueva Zelanda sería un gran ejemplo de los que se lamentaba Rich. A menudo, en el relato del éxito del sufragismo, el feminismo se limita a poner la lista de los países en los que se consiguió el derecho al voto para las mujeres junto a la fecha de la conquista y ordenados cronológicamente. El primero es Nueva Zelanda, pero resulta difícil

---

24. Adrienne Rich, *Ensayos esenciales. Cultura, política y el arte de la poesía*, Madrid, Capitán Swing, 2019, p. 31.

encontrar la explicación. ¿Qué ocurrió para que un país en principio no central en la lucha sufragista consiguiera el derecho al voto antes que ningún otro? Eduardo Montagut hace el relato subrayando la figura de otra «olvidada», Kate Sheppard (1847-1934).

El reconocimiento del voto a las mujeres de Nueva Zelanda es fruto, como siempre en la historia de los derechos, del esfuerzo y la lucha. En este caso las protagonistas fueron las sufragistas neozelandesas, especialmente Kate Sheppard. Nacida en Liverpool, de padres escoceses, vivió en distintos lugares de Gran Bretaña y en Irlanda hasta que a la muerte del padre la familia se trasladó a Nueva Zelanda en el año 1868. Se instalaron en Christchurch, donde ya vivía una de sus hermanas. En 1885, Sheppard fue una de las fundadoras de la Unión Cristiana de Mujeres por la Templanza de Nueva Zelanda (WCTU), una organización que se había creado en 1874 en Cleveland (Ohio) y que se fue extendiendo por distintos lugares del mundo. Los folletos que editaba la WCTU fueron enviados al Parlamento en 1891. La petición por el sufragio fue presentada por sir John Hall, con apoyos importantes como el del propio primer ministro John Ballance, pero fue rechazada. Nueva Zelanda disfrutaba de una gran autonomía política por su especial estatus colonial. En 1852 se había creado un gobierno representativo y en ese mismo año Londres aprobaba la Ley Constitucional de Nueva Zelanda. Dos años después, se reunía el primer Parlamento. En 1856 se alcanzaba la autonomía. Tras el rechazo de la petición presentada en 1891, las sufragistas continuaron su lucha otorgando especial importancia a la prensa con el objetivo de ganarse a la opinión pública. Lo consiguieron. Dos años más tarde, en 1893, se elaboró una nueva petición, apoyada por la firma de 32.000 personas, que se convirtió en un documento clave en la historia, tanto como que en 1997 fue incluida en el Registro de la Memoria del Mundo de la Unesco. La organización sufragista estaba formada por unos cientos de activistas, pero el trabajo fue de tal envergadura que la opinión pública neozelandesa terminó siendo claramente favorable al reconocimiento del sufragio femenino. Así, el 19 de septiembre de 1893 se aprobaba en Nueva Zelanda el primer sufragio femenino sin restricciones en el que se incluía también a las mujeres maoríes. Esta nueva y revolucionaria circunstancia permitía a las mujeres de todas las etnias votar, aunque no presentarse a elecciones. A partir de 1919, las mujeres de Nueva Zelanda obtuvieron el derecho a obtener un cargo político.[25]

A modo de resumen, la primera ola en el siglo XVIII nació con la destrucción del Antiguo Régimen y una nueva manera de entender el poder político. Por primera vez se define un discurso feminista, así como unas prácticas políticas propias. En esencia, el feminismo reivindica el acceso a la ciudadanía para las mujeres, completamente excluidas de ella, y no tuvo un movimiento de masas que lo secundara. La segunda ola, ya en el siglo XIX, nace al ritmo de la Revolución industrial, la cristalización de las democracias con los cambios subsiguientes en los modos de vida. Con el sufragismo, aparece por primera vez el feminismo como un mo-

---

25. Eduardo Montagut, *El sufragio femenino en Nueva Zelanda*, Los ojos de Hipatia, 2017. https://losojosdehipatia.com.es/cultura/historia/el-sufragio-femenino-en-nueva-zelanda/

vimiento de masas en la reivindicación del voto para las mujeres, del sufragio universal, y aunque esta fue la principal demanda, también se reclama el derecho a la educación, a la propiedad, así como el acceso al empleo y a sus ingresos. Al siglo XX le corresponde la tercera ola, nacida tras la Segunda Guerra Mundial, y la sacudida en todos los órdenes que esta supuso, entre otras cuestiones, la aparición del Estado del bienestar y las políticas públicas de igualdad. Por fin, las mujeres acceden a la educación superior de manera normalizada en buena parte del mundo[26] y el feminismo con el lema de «lo personal es político» entra de lleno en lo que se consideraba el ámbito privado, especialmente la esfera de la familia y la sexualidad. Por segunda vez en la historia, el feminismo se convierte en un movimiento de masas gracias a las movilizaciones protagonizadas por el feminismo radical.

Feminismo o barbarie. Las persistentes reacciones patriarcales

Tras una época fructífera para los derechos y las libertades de las mujeres, sigue, sistemáticamente, una virulenta reacción patriarcal —o, más exactamente, la reacción nace en el momento mismo en que las mujeres comienzan a defender

26. Aunque la reivindicación del acceso a la educación para las mujeres aún no se ha conseguido plenamente en todo el mundo y ahí están las niñas del secuestro de Chibok o Malala para demostrar cómo miles de ellas se juegan la vida por ir a la escuela. En el secuestro de Chibok, perpetrado por el grupo terrorista Boko Haram en un colegio femenino de Nigeria el 14 de abril de 2014, fueron secuestradas y esclavizadas 276 niñas. En 2019, aún se desconocía el paradero de 112 de las pequeñas secuestradas.

sus derechos; toda ola nace con un reflujo en su interior—. Contra el nacimiento del feminismo en la Revolución francesa, se alzaron la guillotina y el Código Napoleónico; frente a la victoria, tan trabajada, de las sufragistas y la obtención del derecho al voto y por lo tanto la expansión de la democracia con el sufragio universal, se alzó la *mística de la feminidad* con toda su parafernalia, y tras la sacudida del feminismo radical se alzó la reacción conservadora de los años ochenta liderada por Ronald Reagan (presidente de Estados Unidos entre 1981 y 1989) y Margaret Thatcher (primera ministra de Reino Unido entre los años 1979 y 1990) que tan brillante y exhaustivamente relató Susan Faludi en su libro *Reacción. La guerra no declarada contra la mujer moderna* (1991). La última reacción patriarcal, la dirigida contra el feminismo radical, ha sido tan potente que, por un lado, todavía vivimos sus consecuencias y, por otro, ha generado una reacción feminista de tal calibre que ha provocado toda la reflexión sobre el nacimiento de la cuarta ola feminista.

Pero igual que hoy podemos decir que en todos los tiempos, en todas las culturas, ha habido mujeres participando activamente y enfrentándose al poder, también podemos rastrear reacciones patriarcales desde mucho antes de la aparición del feminismo. Sin duda, la más violenta y determinante fue la quema de brujas, millones de mujeres —probablemente la cifra exacta no la sabremos jamás— quemadas en la hoguera entre los siglos xv y xvii en Europa y algunos países de América Latina, fenómeno que la mayoría de los historiadores y la Historia —con mayúsculas— han silenciado.

Relata Mona Chollet que la primera feminista en desenterrar la historia de las brujas y reclamar ese título para sí misma fue la estadounidense Matilda Joslyn (1826-1898), sufragista comprometida también con los derechos de los nativos americanos y la abolición de la esclavitud, condenada, de hecho, por ayudar a escapar a esclavos fugitivos. En *Woman, Church and State* (1893), Matilda Joslyn abordó una lectura feminista de la caza de brujas: «Cuando en lugar de "brujas", decidimos leer "mujeres", comprendemos mejor las atrocidades cometidas por la Iglesia contra esa porción de la humanidad». Ella inspiró el personaje de Glinda en *El mago de Oz*, escrito por Lyman Frank Baum, su yerno. Al adaptar la novela al cine, en 1939, Victor Fleming dio origen a la primera bruja buena de la cultura popular.[27]

La historia del movimiento feminista también recuerda el activismo y la audacia de WITCH, el provocador grupo nacido en 1967 que reclamaba la palabra para utilizarla como acrónimo de Conspiración Terrorista Internacional de las Mujeres del Infierno y que al calor del feminismo radical utilizaban el activismo callejero con teatro provocador, acciones imprevistas, manifestaciones, toda una guerrilla feminista precursora de las Guerrilla Girls[28] cuyas armas

27. Mona Chollet, *Brujas*, Barcelona, Ediciones B, 2019, pp. 24-32.
28. Guerrilla Girls nació como grupo de artistas feministas en Nueva York en 1985. Entendían su militancia como guerrilla de comunicación para denunciar la discriminación de las mujeres en el arte. Su primera acción consistió en manifestarse delante del MOMA (Museum of Modern Art) de Nueva York en la inauguración de una exposición de arte contemporáneo titulada *An Internacional Survey of Painting and Sculpture*. De los 169 artistas que participaron en ella, solo 13 eran mujeres. Eran artistas (pintoras, escritoras, directoras de cine), comisarias de exposiciones e historiado-

eran el arte feminista y la acción directa. Con ellas comenzaron las reivindicaciones de la memoria de las mujeres quemadas en la hoguera que aún hoy resuenan en las manifestaciones feministas: «Cuando te enfrentas a una de nosotras, te enfrentas a todas. Pasa la palabra, hermana» o «Somos las nietas de las brujas que no pudisteis quemar».

Pero, sin duda, quien ha conseguido la toma de conciencia del movimiento feminista sobre lo que supuso la quema de brujas ha sido Silvia Federici con su libro *Calibán y la bruja. Mujeres, cuerpo y acumulación originaria* (2004).[29] Nacida en Parma en 1942, militante feminista desde la década de 1960, durante los ochenta trabajó varios años como profesora en Nigeria y actualmente es profesora emérita de la Hofstra University de Nueva York. Federici afirma que esta página de la historia fue determinante tanto para eliminar la autonomía que las mujeres habían conseguido hasta ese momento, especialmente sobre la reproducción, generando así un régimen patriarcal más opresivo, como para poner las bases del capitalismo gra-

---

ras del arte. Ocultaban su rostro con máscaras de simios inspiradas en el personaje de King Kong, que utilizaban como símbolo de dominio masculino, y en sus intervenciones públicas usaban como pseudónimo los nombres de artistas fallecidas como Frida Kahlo, Eva Hesse o Lee Krasner, reivindicando así los logros que aquellas habían conseguido. Con estos disfraces también pretendían emular a la gran Marlene Dietrich, que había llevado un disfraz de gorila en *La Venus rubia*, provocando el pánico de los espectadores en los años treinta. Su acción más impactante ocurrió en 1989, cuando colocaron un cartel frente al Metropolitan Museum de Nueva York, que decía: «¿Tienen las mujeres que estar desnudas para entrar en el Met. Museum? Menos del 5 % de los artistas en las secciones de Arte Moderno son mujeres, pero un 85 % de los desnudos son femeninos».

29. Silvia Federici, *Calibán y la bruja. Mujeres, cuerpo y acumulación originaria*, Madrid, Traficantes de Sueños, 2010.

cias al desarrollo de una nueva división sexual del trabajo que confinó a las mujeres al ámbito doméstico. La quema de brujas fue una guerra para degradar, demonizar y destruir el poder social de las mujeres. En las cámaras de tortura y en las hogueras se forjaron los ideales burgueses de feminidad y domesticidad. Fue un ataque a la resistencia que las mujeres opusieron a la difusión de las relaciones capitalistas y al poder que habían obtenido en virtud de su sexualidad, su control sobre la reproducción y su capacidad de curar.[30]

Siguiendo los pasos de Federici, Chollet ahonda en cuatro aspectos de la persecución de las brujas. En primer lugar, lo que supuso de castigo a la independencia femenina. Entre las acusadas de brujería se encuentra una gran mayoría de solteras y viudas, es decir, de todas aquellas que no estaban subordinadas a un hombre. En aquella época se privaba a las mujeres de ocupar un puesto de trabajo. Las expulsaban de los gremios, se formalizaba el aprendizaje de los oficios y se les prohibía el acceso. La mujer sola, en especial, sufría una presión económica insostenible.

En segundo lugar, la época de las persecuciones de brujas se tradujo en la criminalización del aborto y de la contracepción. En Francia, una ley promulgada en 1556 obligaba a toda mujer embarazada a declarar su embarazo y a disponer de un testigo en el momento del parto. Entre las acusaciones presentadas a las brujas, a menudo figuraba la de hacer que los niños murieran. En realidad, muchas de las acusadas eran sanadoras que desempeñaban el papel de mujeres sabias,

30. *Ibid.*

pero que también ayudaban a las mujeres deseosas de impedir o interrumpir un embarazo.[31]

El tercer aspecto que subraya Chollet es que en las persecuciones de las brujas se atacaba especialmente a las mujeres de más edad. Se las consideraba tanto repugnantes por su aspecto como especialmente peligrosas por su experiencia y conocimiento. Ellas fueron las víctimas favoritas de las persecuciones. Las mujeres eran más longevas que los varones y —siguiendo las tesis de Federici— dependían más de las tierras comunales para su alimentación y sustento. Al comenzar la privatización de las tierras antes compartidas, al producirse la acumulación primitiva que preparó la llegada del capitalismo, se penalizó especialmente a esas mujeres. Ellas dependían, al tener prohibido en muchos casos acceder al trabajo remunerado, de las tierras comunales donde era posible llevar a pastar a las vacas, recoger leña o recolectar hierbas. La privatización de las tierras coartó su independencia a la vez que reducía a la mendicidad a las más viejas, cuando no podían contar con el apoyo de sus hijos.

Por último, el sometimiento de las mujeres a través de las brujas, con su correspondiente marginación, para poner en marcha el sistema capitalista fue de la mano del sometimiento de los pueblos declarados «inferiores», esclavos y colonizables, proveedores de recursos y de mano de obra gratuitos y lo legitimó, pero también se acompañó de la explotación de la naturaleza y de la instauración de una nueva concepción del saber. El resultado fue una ciencia arro-

31. Mona Chollet, *op. cit.*, pp. 36-37.

gante, alimentada por el desprecio a lo femenino, que se asociaba con lo irracional, con la naturaleza que se trataba de dominar. La medicina moderna, en particular, se construyó sobre ese modelo, y la caza de brujas permitió a los médicos oficiales de la época eliminar la competencia de las sanadoras.[32]

Asegura Federici que con *Calibán y la bruja* ha pretendido «revivir entre las generaciones jóvenes la memoria de una larga historia de resistencia que hoy corre el peligro de ser borrada».[33] Una memoria fundamental en la reconstrucción de la historia, de la genealogía y también de las brutales reacciones patriarcales, porque las persecuciones de brujas y todas las reacciones posteriores han contribuido a modelar el mundo del siglo XXI y algunas pautas se repiten. Por ejemplo, a menudo, las persecuciones de brujas se atribuyen a un fanatismo religioso encarnado en los crueles inquisidores. Sin embargo, la Inquisición persiguió muy poco a las brujas, una aplastante mayoría de las condenas las dictaron tribunales civiles. En cuestiones de brujería, los jueces laicos resultaron ser igual de crueles y fanáticos que los religiosos. No fueron los antiguos, fueron los «modernos».

La persecución de las brujas se da precisamente en el tránsito de la Edad Media a la Edad Moderna y la protagonizaron los mismos que defendían la revolución científica, la razón (con mayúsculas), el humanismo y el estado moderno. Fue un *Renacimiento*, sí, de la misoginia, que

32. *Ibid.*, p. 37.
33. Silvia Federici, *op. cit.*, p. 20.

dejó a las mujeres en peores condiciones que en la Edad Media y que cesó cuando los «modernos» dejaron de necesitarlo, cuando consiguieron afianzar —gracias a una «auténtica guerra contra las mujeres», como denomina Federici a la caza de brujas— un nuevo ideal de feminidad y domesticidad, puesto que la guerra también fue simbólica y en ella las mujeres fueron sistemáticamente degradadas y demonizadas. Ahí queda, para la historia, el arte de Francisco de Goya puesto a disposición de la caza de brujas. Casi una cuarta parte de la colección de grabados de *Los Caprichos* está dedicada a la brujería, así como la serie de los seis cuadros *Asuntos de Brujas*, realizada por el «liberal e ilustrado» artista entre 1797 y 1798 para decorar los salones de la duquesa, en el palacio de El Capricho, por encargo de los duques de Osuna.

También señala Chollet un aspecto nada despreciable sobre el nacimiento del mito de la bruja, el hecho de que coincida más o menos con el de la imprenta, en 1454, la cual desempeñó un papel esencial en la propagación de una ideología misógina y cruel. Según el historiador Guy Bechtel, podemos hablar de una auténtica «operación mediática» que «utiliza todos los vectores de información de la época»: «los libros para quienes leían, los sermones para los demás, grandes cantidades de representaciones para todos». Obra de dos inquisidores, el alsaciano Henri Institoris y el suizo Jakob Sprenger, el libro *El martillo de las brujas*, publicado en 1487, puede compararse con el *Mein Kampf* (*Mi lucha*) de Adolf Hitler. Reeditado más de quince veces, se distribuyeron treinta mil ejemplares por toda Europa durante las grandes persecuciones y su influencia generó un auténtico *filón editorial* en la época.[34]

Un tercer aspecto por el que no conviene olvidar la historia de las reacciones patriarcales es cómo las persecuciones de brujas ilustran el empecinamiento de las sociedades en encontrar regularmente un chivo expiatorio para todos sus males y en encerrarse en una espiral de irracionalidad inaccesible a toda argumentación sensata, hasta que la acumulación de discursos de odio y una hostilidad obsesiva justifican pasar a la violencia física, percibida como una legítima defensa del cuerpo social.[35] Y, como ocurre a menudo, la designación de ese chivo expiatorio no procede del pueblo, sino de las clases cultivadas, lo que en el siglo XXI podríamos traducir en las clases que detentan el poder simbólico, aquellas que marcan los temas de interés, aquellas que tienen no solo el poder sino también la autoridad de designar qué cuestiones son las que de verdad importan y dónde poner el foco mediático para construir los relatos de odio que en una sociedad globalizada recorren el mundo.

Frente a tanta brutalidad, la reflexión del siglo XXI es, parafraseando a Rosa Luxemburgo, «feminismo o barbarie». La historia del feminismo es una historia de éxito porque, como asegura Celia Amorós, el feminismo ha mejorado todas las sociedades en las que se ha implantado. Es la historia de la toma de conciencia de las mujeres que a lo

---

34. Guy Bechtel, *La sorcière et l'Occident. La destruction de la sorcellerie en Europe des origines aux grands bûchers*, París, Plon, 1997; citado en Mona Chollet, *op. cit.*, p. 15.

35. *Ibid.*, p. 14.

largo de tres siglos trabajan para poner el mundo patas arriba desenmascarando las grandes mentiras con las que se construyó el sistema de dominación que usurpó el poder a las mujeres y colocó al hombre como centro y medida del universo. Una historia que continúa.

2

LOS CONVULSOS ÚLTIMOS AÑOS DEL SIGLO XX

> Conserva celosamente tu derecho a reflexio-
> nar, porque incluso el hecho de pensar erró-
> neamente es mejor que no pensar en absoluto.
>
> HIPATIA DE ALEJANDRÍA

Hasta la irrupción del feminismo radical, la historia del feminismo es como un río al que cada vez le van llegando más afluentes. El limitado caudal teórico y de experiencia política con el que nació, en el corazón de la Ilustración francesa, fue aumentando con el torrente que aportaron las sufragistas y, tras ellas, el feminismo de clase, todas las riadas del resto de las familias que iban entrando en discusiones —más o menos acaloradas— con las teorías políticas que aparecían sucesivamente: liberalismo, marxismo, socialismo, anarquismo. A ese gran río, cada vez mayor, también iban llegando afluentes de distintas partes del mundo que iban haciendo suyas las teorías y reivindicaciones asentadas en las realidades de los distintos territorios. El caudal aumentó tanto que el cauce se quedó pequeño; aun así, durante un tiempo llegó a ser navegable y amplio hasta quedar estancado en un gran embalse, con tantos diques y presas que le fueron construyendo. El feminismo radical abrió las compuertas y las aguas se desbordaron. Como en una catarata, uno de los fenómenos más bellos de la naturaleza, el agua cayó verticalmente a causa de la gravedad, y esa caída, con tamaño caudal, generó un gran potencial de energía. Esto fue lo que ocurrió.

La gran catarata

Las radicales abrieron las compuertas a partir de su teoría y de su práctica —a partir de «lo personal es político» y también de los grupos de autoconciencia—, porque si las grandes movilizaciones consiguieron cambiar opiniones y puntos de vista en la opinión pública, los grupos de autoconciencia cambiaron realmente a las mujeres. La mayor parte de las historiadoras considera que la formación y el desarrollo internacional de los miles de grupos de autoconciencia en Europa, América Latina y Estados Unidos fue una nueva forma política y de organización en la práctica feminista y una de las aportaciones más significativas del movimiento feminista radical.

En 1967 se crea en Chicago el primer grupo independiente, y en la misma época, el New York Radical Women, fundado por Sulamith Firestone y Pam Allen. Se trataba de que cada mujer participante explicara cómo sentía ella su propia opresión. Se pretendía propiciar, como dice la filósofa Ana de Miguel, «la reinterpretación política de la propia vida y poner las bases para su transformación». Los grupos fomentaban la autoestima de las mujeres, de cada una de las mujeres; daban valor a la palabra de mujer, tantos siglos silenciada y depreciada, y a las palabras de las mujeres individualmente. En ellos, cada mujer se iba reconociendo como persona con identidad propia. Era importante lo que cada una sentía, lo que cada una pensaba. No se trataba de cómo debían ser, sino de cómo eran realmente. De manera que cada mujer comenzó a trabajar sobre su propia realidad.

Este instrumento de autoconocimiento y empoderamiento desveló la cultura androcéntrica y llevó a profundizar en una cultura propia de las mujeres, alejada de la que habían construido los hombres. Las semillas echaron raíces, con lo que el feminismo fue floreciendo en cada lugar del mundo con sus características, tiempos y necesidades propias. De las críticas a la cultura patriarcal de las radicales norteamericanas nacería el feminismo cultural que, cuando se importó a Europa y fue traducido y asimilado, se convirtió en el feminismo de la diferencia.

El concepto de diferencia nació como polémico desde su propio nombre, puesto que rompía esa potente idea-fuerza, la igualdad, alrededor de la que el feminismo se había estructurado hasta ese momento. El feminismo de la diferencia reivindicaba como valiosa la cultura propia de las mujeres, la que, hasta entonces, se había calificado y entendido como negativa e inferior desde el modelo patriarcal y androcéntrico, que había colocado al varón como medida de lo humano y que incluso se había apropiado de lo neutro de manera que lo masculino era considerado lo universal, y lo femenino, la mitad del mundo que no existía. Sin embargo, el feminismo de la diferencia toma la palabra y le da un sentido completamente distinto. Reivindica el concepto y se centra precisamente en la diferencia sexual para establecer un programa de liberación de las mujeres hacia su propia subjetividad, dejando fuera tanto la referencia de los varones como la construcción masculina de la feminidad, es decir, lo que los varones habían decidido hasta entonces que eran las mujeres.

A partir de ese momento, se identifican dos grandes familias feministas que no puedo dejar de pensar que son complementarias, por más que se empeñen en confrontarse continuamente. La primera sería lo que conocemos como el feminismo de la igualdad —en ocasiones también se le denomina «feminismo ilustrado»—, donde se agruparían todas las corrientes que defienden la emancipación de las mujeres y la igualdad de derechos y de ciudadanía. Son las herederas del espíritu ilustrado, las nietas de Olympe de Gouges y de Mary Wollstonecraft, las que se consideran hijas de las feministas del siglo XIX, de todas, de sufragistas, liberales, socialistas y anarquistas y hermanas de las radicales del siglo XX.

La otra gran familia, el feminismo de la diferencia, agrupa a las hijas de una rama del feminismo radical deudora del movimiento contracultural de los años sesenta del siglo XX. Si la cultura ha sido una creación masculina, la mejor alternativa para las feministas de la diferencia era crear una cultura basada en la profundización de una subjetividad femenina asentada en la diferencia sexual, en el cuerpo de las mujeres que ellas debían resignificar más allá de las teorías hechas por los hombres. Si todas, feministas de la igualdad y de la diferencia, habían denunciado la biología como destino (por decirlo de manera abrupta, que el hecho de nacer con unos genitales femeninos te relegara a una posición social subordinada cuya única meta sería la de ser madre y ama de casa porque, además, te intentarían convencer de que eso y solo eso te colmaría de felicidad), el feminismo de la diferencia hace hincapié en esa biología reapropiándose del cuerpo, de la maternidad, la menstruación, el linaje femenino, la relación con la madre, el logro de un lenguaje propio...

Así, aunque ambas familias señalan que lo contrario de la igualdad es la desigualdad, no la diferencia, y que el conflicto y la subordinación surgen cuando sobre las diferencias se construyen desigualdades, unas y otras ponen el acento en lugares diferentes. Para las feministas de la diferencia, la idea-fuerza no es la igualdad sino la libertad. Explica Victoria Sendón de León —una de las autoras más relevantes del feminismo de la diferencia en España junto a Milagros Rivera— que «no queríamos ser mujeres emancipadas. Queríamos ser mujeres libres porque sí, por derecho propio [...]. Descubrimos lo que era la amistad y la complicidad entre mujeres en un ambiente sin jefes, sin novios, sin maridos, sin secretarios generales que mediaran entre nosotras y el mundo».[1]

---

1. Victoria Sendón de León, *Marcar las diferencias. Discursos feministas ante un nuevo siglo*, Barcelona, Icaria, 2002, pp. 13-14.

Ambas perspectivas teóricas, la de la diferencia y la de la igualdad, comparten la idea de que la diferencia entre hombres y mujeres existe. Sin embargo, la primera considera que la diferencia debe convertirse en un paradigma político en torno al cual debe organizarse la vida social. La diferencia no ha de ser ignorada, sino reivindicada y a partir de su existencia debe construirse la vida social, política, económica y cultural. Por otro lado, el feminismo de la igualdad asume la idea de la diferencia como resultado de la experiencia histórica, pero considera que la igualdad debe ser el paradigma político en torno al cual se construyen las relaciones sociales entre hombres y mujeres, puesto que el problema no es la diferencia, sino la jerarquía, la apropiación del poder (político, pero también económico, simbólico, religioso, social, cultural) por parte de los varones. De esta manera, tras el feminismo radical y con el desarrollo del feminismo de la diferencia, empieza a hacerse presente un nuevo análisis que interpela críticamente la igualdad y coloca la diferencia en el centro del escenario.[2] Será el preludio de las críticas que vendrían en los años sucesivos.

En palabras de Rosa Cobo, la gran catarata consiste en que a partir de los años ochenta del siglo XX el feminismo sufre un proceso interno que dura hasta los primeros años del siglo XXI. El feminismo deja de «mirar hacia afuera» y comienza a explorarse primero a sí mismo, en su interior, y luego a las mujeres. Aparecen nuevas corrientes, como la

2. Rosa Cobo, «Aproximaciones a la teoría crítica feminista», Lima, Cladem, Boletín del Programa de Formación, n.º 1, año 1, abril de 2014, p. 29.

teoría queer, los feminismos decoloniales..., y, durante lustros, se vive internamente una profunda revisión y disputa ideológica. Durante este tiempo se pone en cuestión el concepto de igualdad más allá de lo que lo había hecho el feminismo de la diferencia, llegando incluso a cuestionarse el sujeto político del feminismo, que hasta entonces habían sido las mujeres. Frente a la idea potente de igualdad, explica Cobo, aparecen otras políticas de manera alternativa, las políticas de reconocimiento y, en algunos casos, las políticas de la identidad.[3]

Y es a mediados de los años ochenta cuando se inicia el proceso de «macrorrevisión». Un sector del feminismo se alía con las ideas posmodernas y de esa alianza surge lo que Seyla Benhabib llama «un choque de paradigmas en la teoría feminista contemporánea». A los cuestionamientos que ya había hecho el feminismo de la diferencia, se une la idea de posmodernidad, que lo cuestiona aún más y añade a sus críticas la impugnación de los dos conceptos centrales de la teoría feminista, género y patriarcado, por considerar que no tienen en cuenta las diferencias entre las mujeres (de clase, raza, sexualidad...). Por decirlo de otra manera, hasta los años ochenta se debate en torno a la diferencia de género y a partir de esa fecha los debates se centran en las diferencias entre las mujeres.[4] A partir de los años ochenta comienza el debate sobre ¿qué es ser una mujer?

3. Rosa Cobo, «La cuarta ola: La globalización del feminismo», *Revista de Trabajo Social Hoy*, Colegio Oficial de Trabajo Social de Madrid, Segundo cuatrimestre, 2019.

4. Nancy Fraser, *Iustitia Interrupta. Reflexiones críticas desde la posición postsocialista*, Bogotá, Siglo del Hombre/Universidad de los Andes, 1997, pp. 229-250.

El proceso ha sido quizá demasiado largo y ha provocado fisuras, pero también nuevas reflexiones, nuevas teorías y algunas conclusiones básicas, como la idea de que la diferencia no es el punto de llegada, sino el punto de partida. También la idea del feminismo como un proyecto colectivo y emancipador. No es compatible con el feminismo la sumisión, de igual manera que no hay feminismo en solitario, no existe un feminismo «personal» o a medida. El feminismo reclama valentía y es muy exigente. Con las mujeres porque requiere una revisión completa de todo lo aprendido —y ya se sabe que es más difícil desaprender que aprender— y con los hombres porque les exige la renuncia de sus privilegios como varones —sin esa abdicación no es posible la entrada en el feminismo—. Pero también ha quedado demostrado que es valiente y exigente consigo mismo.

El feminismo no solo se atreve día a día a enfrentarse al enemigo más antiguo, potente y violento, al patriarcado, y no solo en teorías, discursos académicos o juegos de salón (de redes sociales, diríamos hoy), sino también poniendo el cuerpo y exponiendo la propia vida. Además, es valiente por ser capaz de repensarse, revisar los fundamentos de sus prácticas a la luz de nuevos conocimientos y discursos producidos sobre esas prácticas y de enfrentar sus consecuencias, los efectos no previstos y los riesgos que las nuevas reflexiones, teorías y militancias conllevan. Pero si la valentía, la reflexión, la dialéctica y la autocrítica son señas de identidad del feminismo a lo largo de toda su historia, ¿por qué se produce ese proceso de revisión tan profundo a finales del siglo xx?

Silvia L. Gil señala dos causas fundamentales. Por un

lado, las transformaciones socioeconómicas propias del despegue del neoliberalismo y, por otro, los nuevos deseos expectativas y experiencias movilizadas por las mujeres. Por decirlo de otra manera, el neoliberalismo precariza hasta límites no imaginados a buena parte de las mujeres en todo el mundo y, por otro, los casi tres siglos de feminismo no habían ocurrido en vano. A distintos ritmos y maneras, según geografías, se multiplican las posibilidades de ser mujeres y se hace más evidente que «la mujer» en singular y como construcción patriarcal no existe. Así, la pregunta ¿qué significa ser mujer?, una vez que el traje en el que se habían empeñado en meternos se nos queda tan pequeño que se rompe por todas las costuras, necesita una respuesta y a ello se pone el feminismo.

Las respuestas traerán profundas consecuencias para la teoría y la práctica feminista porque, a pesar de que el traje era absurdo y asfixiante, hasta entonces, el sujeto «mujer» había articulado la identidad colectiva del feminismo. Sin embargo, la aparición de las diferencias puso en discusión la capacidad de ese sujeto para representar a todas las mujeres. La presencia cada vez mayor de sujetos periféricos o fronterizos, como migrantes, mestizas, lesbianas, transgénero, transexuales o queer abrió un debate muy profundo.[5]

Además de lo señalado por Gil, la entrada de las mujeres en la educación superior no ha sido una anécdota en la historia. La primera reivindicación de las feministas, incluso antes de reconocerse como tal, fue la educación. Primero la educa-

5. Silvia L. Gil, «Los feminismos que vienen», en Lourdes Lucía (dir.), *El atlas de las mujeres en el mundo. Las muchas históricas y los desafíos actuales del feminismo*, Madrid, Clave intelectual, 2018, p. 18.

ción básica, leer y escribir, la llave que abre la puerta de la vida propia; después, la educación superior, negada tozudamente a las mujeres hasta el siglo xx. Cualquier forma de definir, clasificar, nombrar... es arbitraria, pero tiene una función ideológica porque determina una manera concreta de explicar la realidad. La representación de esa realidad se hace bajo los intereses del poder. La prohibición expresa a las mujeres de acceder a la cultura y producirla significaba la prohibición de explicar la vida y explicarnos a nosotras mismas. La consecuencia es que tanto las mujeres como la vida hemos sido definidas por los varones, obviamente, bajo sus intereses y puntos de vista.

Ha sido, es, una carrera de fondo que no ha terminado. Aún hoy el feminismo no ha conseguido impregnar la Academia, entendida como el conjunto de saberes reglados y estructurados en un canon —uno de los reductos patriarcales más resistentes al cambio—, pero, sin duda, el conocimiento cambió a las mujeres. El feminismo se hizo tal cuando tomó la palabra. Cuando las «nadies», que diría Galeano, tomaron conciencia de su situación, le pusieron nombre, le pusieron voz, le pusieron palabras. Conceptualizar es politizar, como bien nos ha enseñado Celia Amorós. Cuando las mujeres entraron en la educación superior comenzaron a desmontar las «falacias viriles», en palabras de Kate Millett, se desenmascararon las trampas del lenguaje, la sesgada visión sexista de los medios de comunicación, la ultrajante representación de las mujeres en la publicidad; se desagregaron indicadores por sexos que mostraron las diferencias de salario, de usos de tiempo, los déficits en los servicios sociales, las exclusiones de la Historia, las mentiras de las ciencias sociales, las carencias de las ciencias experimentales... En definitiva, se dijo con rotundidad que ya no es posible, con rigor académico, considerar como universal y neutro un punto de vista parcial e interesado, el masculino. Pero, además, comenzó una producción propia, se iniciaron los estudios de historia de las mujeres, feministas y de género.

De funerales, confusiones y crisis

Teresa de Lauretis señala el año 1981 como fecha clave en la que se produce ese «choque de paradigmas». En este año se publica *Esta puente, mi espalda. Voces tercermundistas en los Estados Unidos*, colección de trabajos de mujeres negras y chicanas recopilados por Cherríe Moraga y Gloria Anzaldúa. Este libro fue el testimonio de un grupo de mujeres que, como tales, se habían sentido excluidas de los análisis y de las posiciones políticas del feminismo blanco dominante.[6] A pesar de la precisión de Lauretis, marcando un año y un libro en concreto, unos años antes habían comenzado a publicarse una serie de trabajos que iban a indicar el cambio. La teoría de los géneros, el feminismo lesbiano, los estudios poscoloniales y la teoría queer tienen su origen en los escritos feministas publicados en un contexto social-político determinado, marcado por la crisis del sida y la crisis del propio movimiento homosexual. También, como mínimo, por el «desconcierto» del movimiento feminista

6. Teresa de Lauretis, *Diferencias. Etapas de un camino a través del feminismo*, Madrid, horas y HORAS, 2000, pp. 44-45.

imbuido en la polémica igualdad-diferencia y enfrentando la potente reacción patriarcal que se desencadenó desde comienzos de los ochenta tras el éxito del feminismo radical y los logros conseguidos, como describiría con detalle Susan Faludi en su libro *Reacción. La guerra no declarada contra la mujer moderna*.

Los ochenta fueron años de crisis. La dictadura de Pinochet, en Chile (desde 1973 hasta 1990), fue el «laboratorio» donde el neoliberalismo ensayó su programa político-económico que en los años ochenta exportaría a todo el mundo con las funestas y conocidas consecuencias para la población en general y para las mujeres en particular. También fue en esa década cuando apareció lo que hoy conocemos como la crisis del sida. Aunque se cree que el virus del VIH pasó de simios a humanos en el primer tercio del siglo XX, la pandemia del sida comenzó oficialmente en junio de 1981, cuando los Centros para el Control y Prevención de Enfermedades de Estados Unidos dieron la voz de alarma acerca de diferentes tipos de infecciones oportunistas que habían comenzado a sufrir simultáneamente un grupo de hombres homosexuales en San Francisco. La mayoría de ellos murieron en los meses siguientes.

La homofobia se desbocó durante los años ochenta ante la falta de investigación e información que hacía que no se conocieran bien las causas de la enfermedad, solo sus consecuencias: una enfermedad que se extendía con mayor rapidez entre el colectivo gay. Hasta 1982 no comenzó a usarse el nombre sida (Síndrome de Inmunodeficiencia Adquirida), elegido precisamente para evitar el estigma que estaba azotando a los colectivos donde la enfermedad tenía más incidencia. Sin curas ni tratamientos, la epidemia de sida tuvo un impacto brutal entre la comunidad homosexual de la época, tanto por el estigma como por la cantidad de muertes que provocó. El desarrollo de los antirretrovirales acabó con la epidemia y el estigma comenzó a desaparecer cuando se pasó de distinguir grupos de riesgo a prácticas de riesgo.

Crisis política, crisis económica, crisis del sujeto, crisis de la verdad, crisis de los discursos y las grandes teorías. Incluso Celia Amorós habla con cierto desconcierto también, con más preguntas que respuestas, de funerales:

> ¿Por quién suenan las campanas? Y sobre todo ¿quién las hace sonar? A lo que podría añadirse ¿por qué suenan ahora, precisamente ahora? Y ¿qué pinta el feminismo en estos funerales? ¿Va de muerto, de sepulturero, quizá de plañidera? ¿O simplemente es escéptico? [...] ¿Encuentra algo sospechoso y paradójico en un entierro en el que el llanto sería intempestivo y de mal gusto, la nostalgia por lo enterrado improcedente? ¿O acaso simplemente está confuso y no sabe de qué va? Sin duda, hay un desconcierto en el seno del feminismo en torno a la actitud que habría que adoptar ante estos funerales.[7]

Como señala Carolina Meloni, las referencias a una reflexión interna dentro del propio feminismo son una constante en todos los planteamientos de los años ochenta del siglo xx. Por ello, la idea de crisis y de ruptura se convierte

7. Celia Amorós, *Tiempo de feminismo*, Madrid, Cátedra, 2008, pp. 320-321.

en el eje central de todos los nuevos movimientos que irán apareciendo. Se trata de una crisis dentro del discurso feminista, cuyos conceptos fundamentales serán puestos en cuestión. Además, se admite que semejante conflicto procede de otra brecha más profunda: la crisis del llamado «sujeto moderno» ante la aparición de la posmodernidad. Nace la gran paradoja: desde la teoría del género, el feminismo lesbiano, la teoría poscolonial o la teoría queer, todas afirman que su punto de partida no es otro que el feminismo, pero, al mismo tiempo, todas reivindican la necesidad de una crítica de los postulados centrales del feminismo.[8]

En ese tránsito, esos primeros años de cambio, destaca el papel de Monique Wittig, quien en 1973 publica *El cuerpo lesbiano*, aunque su obra más importante sería *El pensamiento heterosexual*, en la que recoge diversas conferencias y artículos que van desde 1978 hasta principios de los ochenta. Wittig inicia la crítica de la heterosexualidad obligatoria al considerar que no es una opción sexual sino una categoría política hegemónica.[9] Es decir, no analiza la heterosexualidad en el sentido de las prácticas sexuales, sino como régimen político. Wittig califica al feminismo anterior como «hetero-feminismo» y lanza su afirmación más polémica: «Sería impropio decir que las lesbianas viven, se asocian, hacen el amor con mujeres, porque la mujer no tiene sentido más que en los sistemas heterosexuales de pensamiento y en los sistemas económicos heterosexuales. Las lesbianas no son mujeres».

8. Carolina Meloni, *Las fronteras del feminismo. Teorías nómadas, mestizas y postmodernas*, Madrid, Editorial Fundamentos, 2012, pp. 28-29.
9. *Ibid.*, p. 74.

En la línea de Wittig, Adrienne Rich plantea el lesbianismo político, especialmente con su artículo «Heterosexualidad obligatoria y existencia lesbiana» (1980).[10] Señala Bárbara Ramajo en la introducción que, en este icónico texto, Rich compone su teoría a través de tres conceptos conjugados que configurarán el lesbianismo feminista de la década de los ochenta: la heterosexualidad obligatoria, entendida como institución política y no como preferencia sexual por la cual se controla al conjunto de las mujeres; la existencia lesbiana, entendida como agencia política colectiva y distanciada de la clínica y del estigma que la palabra «lesbiana» conlleva; y el *continuum* lesbiano, entendido como el vínculo de resistencia antipatriarcal que une a las lesbianas y a las mujeres desobedientes a sus destinos de género y cuya energía liberada por las rupturas sociales potencia un feminismo que Rich erotiza con la llamada a un lesbianismo político. No es posible encuadrar heterosexualidad obligatoria y existencia lesbiana ni en el feminismo de la igualdad ni en el de la diferencia sexual. Porque lo que plantea, desde el principio, es la necesidad para el feminismo de llevar a cabo una revisión profunda y crítica de la heterosexualidad, cuestión que será central para el feminismo lesbiano y para la teoría queer, y no así para los feminismos anteriores. Escribe Rich en referencia a su texto: «No lo escribí para ensanchar divisiones, sino para animar a las feministas heterosexuales a analizar la heterosexualidad como institución política que arrebata el poder a las mujeres, y a cambiarla».

10. Adrienne Rich, *Ensayos esenciales. Cultura, política y el arte de la poesía*, Madrid, Capitán Swing, 2019.

Una Rich que escribía en 1984 otro artículo inspirador, «Apuntes para una política de la localización», en el que propone que la teoría es aquello que ve los patrones que muestran el bosque a la vez que los árboles, que puede ser como el rocío que se eleva de la tierra y se reúne formando nubes de lluvia para volver luego a la tierra, pero que si en el camino se ha ido perdiendo el olor a tierra, entonces ya no es bueno para la tierra. Como en esta metáfora, Rich pide volver a la tierra, no con el paradigma de ser el lugar para las mujeres, sino como el «lugar situado».[11]

Otro texto *revulsivo* en estos primeros ochenta fue el *Manifiesto para cyborgs* de Donna Haraway, aparecido en 1984. Tras los análisis y lecturas feministas de la ciencia, Haraway inicia con él una reflexión sobre la construcción biopolítica de los cuerpos. La autora presenta este manifiesto como el primer artículo que escribió en un ordenador, pero, además, como un «intento desesperado, durante los primeros años de la era Reagan, por reunir en un mismo lugar una serie de cuestiones imposibles, a la vez ciertas y necesarias. Riéndose y lamentándose de la cibernética, el Manifiesto fue una tentativa por crear una especie de protocolo-informático-loco para tiempos peligrosos. Muchas personas leyeron el Manifiesto como el delirio tecno-conejo de una fembot[12] extasiada, pero, para mí, se trataba de un sobrio alegato sobre el feminismo socialista. La idea era reflexionar sobre cómo seguir haciendo crítica, sobre los peligros de la guerra y sus nostalgias, sobre cómo conciliar el ecofeminismo con

---

11. *Ibid.*, p. 11.
12. Fembot: robot antropomorfo (androide) de aspecto femenino.

la tecnociencia de manera carnal y, de forma más amplia, sobre la posibilidad de escapar a los orígenes».[13]

La perspectiva de la raza comienza a cuestionarse no solo cuando se publica *Esta puente, mi espalda*, como señalaba Teresa de Lauretis. Ya desde finales de los años sesenta, en Estados Unidos, los movimientos de derechos civiles negros comienzan a reivindicar un sujeto político atravesado por la variable de la raza. El feminismo negro y latino-chicano se hará eco de estos movimientos, al tiempo que se sitúa en una encrucijada: por un lado, son feministas que cuestionan el silencio ante las cuestiones de raza y condición social por parte del propio feminismo y, por otro, tampoco terminan de encontrar su lugar dentro de los movimientos reivindicativos de la identidad negra o chicana debido al machismo y la homofobia que los caracterizaba. La condición de extranjeras, de diferentes, de intrusas situadas entre fronteras es lo que va a definir a estas teóricas y activistas feministas.[14]

Gloria Anzaldúa, por ejemplo, describe esta situación, este no-lugar de las mujeres de origen inmigrante, lesbianas y de clase social baja en su libro *Bordelands/La Frontera*. Un escenario fronterizo que también es descrito por la poeta Audre Lorde como «la casa de la diferencia». En su libro *Zami*, Lorde afirma: «Que las mujeres estuviesen juntas no era bastante. Éramos diferentes. Que fuéramos muchachas gay no era bastante. Éramos diferentes. Que fuésemos negras y estuviésemos juntas no era bastante. Éramos diferentes. Que fuéramos mujeres negras y estuviésemos juntas no

---

13. Donna Haraway, *Las promesas de los monstruos. Ensayos sobre ciencia, naturaleza y otros inadaptables*, Barcelona, Holobionte, 2019.
14. Carolina Meloni, *op. cit.*, p. 75-76.

era bastante. Éramos diferentes. Que fuéramos mariconas negras no era bastante. Éramos diferentes... Tuvo que pasar un tiempo antes de que nos diésemos cuenta de que nuestro lugar estaba en la casa de la diferencia en vez de en la seguridad de cualquier diferencia particular». La casa de la diferencia de Lorde indica la imposibilidad de una identidad homogénea ante la multiplicidad de discursos, circunstancias y diferencias. Todas estas autoras llevarán a cabo una crítica al feminismo blanco y a sus postulados.[15]

A partir de los años ochenta, también se incorporan al feminismo palabras, expresiones y conceptos nuevos. El más importante por el grado de aceptación, prácticamente podemos decir que es una característica de la cuarta ola, es la idea de interseccionalidad. Este término, acuñado en 1989 por Kimberlé Crenshaw, nació para explicar cómo los sistemas de opresión, dominación o discriminación no actúan de manera independiente, sino que están interrelacionados y suponen identidades sociales solapadas. Es decir, el género, la etnia, la clase social, la discapacidad, la orientación sexual, la casta, la edad, la nacionalidad... actúan conjuntamente. Otro concepto que aportó la teoría queer es «heteronormatividad», popularizado por Michael Warner en 1991, y se refiere a cómo en el imaginario compartido lo «normal» o «natural» es la relación de un hombre y una mujer con relaciones sexuales convencionales. Es decir, se presume que la gente es heterosexual hasta que se demuestre lo contrario.[16]

15. *Ibid.*, pp. 76-77.
16. Meg-John Barker y Julia Scheele, *Queer. Una historia gráfica*, Santa Cruz de Tenerife, Melusina, 2017, p. 84.

Mucho más problemático resulta el concepto «cis/cisgénero», entendido como la persona cuya identidad de género es concordante con su sexo biológico o, como se ha redefinido más recientemente, cualidad de las personas cuya identidad de género y su género asignado al nacer coinciden. Eso nos lleva al bucle del género, que analizaremos al final de este capítulo, puesto que para aceptar el término «cis» es necesario aceptar una identidad de género, lo que buena parte del feminismo niega. Es decir, si como feminista una tarea fundamental ha sido destruir el género como esa construcción social que asignaba mandatos, formas de vivir, de pensar, de vestir, de comportarse, incluso asignaba qué tipo de trabajo se debía hacer y a qué se debía dedicar el tiempo, ¿cómo es posible identificarse con ello? Es imposible que las feministas insumisas al género, las desertoras del género, puedan aceptar el concepto cisgénero y aún menos identificarse con él. No se nace mujer, ni falta que hace llegar a serlo, que diría Monique Wittig.

Posfeminismo

La acepción más frecuente de posmodernidad se popularizó a partir de la publicación de *La condición postmoderna: informe sobre el saber*, de Jean-François Lyotard, en 1979. Varios autores habían empleado el término con anterioridad, pero él fue el responsable de ampliar su aplicación y de aumentar su popularidad. Desde entonces, el término «posmodernismo» se ha utilizado con tantos sentidos que ahora se hace difícil saber exactamente qué significa, pero la definición de Lyotard es muy clara: el posmodernismo trata de la «incredulidad frente a los metarrelatos» (marxismo, feminismo, psicoanálisis, por ejemplo), frente a las narraciones generalizadoras y simplificadas que tratan de abarcar la historia en su totalidad o reducir todo nuestro conocimiento a un único marco conceptual.

Jean-François Lyotard caracterizó la condición posmoderna como la incredulidad hacia los grandes relatos y sus efectos sobre las ciencias, el lenguaje y el conocimiento. Lo que caracterizaba a los saberes posmodernos es que ni la historia como escenario del progreso hacia una sociedad más justa ni el progreso como horizonte desde donde valorar la acumulación científica y cultural hacia la verdad eran ya el marco de validez de la actividad cultural y política.[17]

A diferencia de las generaciones precedentes, que creían en las utopías y en el desarrollo social, los pensadores posmodernos defienden que la posibilidad de progreso solo es individual. Los ideales, en la posmodernidad, prácticamente desaparecen y su lugar lo ocupa el consumo, mientras que los grandes liderazgos también se cuestionan y su lugar lo ocupan figuras que gozan de una fama breve.

El pensamiento posmoderno se caracteriza por ser *antidualista* y por posicionarse a favor de la diversidad y el pluralismo. Busca satisfacer las necesidades de aquellos individuos o grupos que han sufrido opresión y marginalidad a causa de las ideologías de las épocas anteriores y las insti-

---

17. Marina Garcés, *Nueva ilustración radical*, Barcelona, Anagrama, 2017, p. 22.

tuciones y estructuras sociales y políticas que les sirvieron de apoyo. Al posmodernismo se lo acusa de trasladar la ética del ser por la del tener y engordar el consumismo basado en la creación de necesidades y deseos que a menudo confunde con derechos. La renuncia a pensar históricamente y la debilidad por la sociedad del espectáculo y la mercantilización de prácticamente todos los ámbitos sociales son otras de las características que se le cuestionan.

Como decíamos, en los años ochenta, la alianza entre un sector del feminismo y el pensamiento posmoderno favorece la aparición de lo que denominamos posfeminismo aunque no hay consenso sobre el término. Bajo el nombre de posfeminismo se agrupan un conjunto de trabajos que asumen una postura crítica ante los movimientos feministas anteriores, al tiempo que reivindican la diversidad de identidades (y la libertad para elegirlas), más allá de la heterosexualidad y el binarismo sexo-género. El término resulta útil para explicar todas las corrientes nacidas de la crítica al feminismo anterior al que califican de blanco, de clase media, académico y elitista (aunque, repasando la historia del feminismo, muy pocas de sus líderes se podrían calificar así).

Bajo el nombre de posfeminismo se agrupan corrientes muy diversas, pero podemos señalar como características en común a todas ellas la revisión del sujeto del feminismo que llega hasta la revisión del concepto mismo de mujer, la ruptura de la unidad de planteamientos, la desconfianza ante cualquier reivindicación con vocación de universal, el análisis de la heterosexualidad, el surgimiento de un concepto de marginalidad o de una identidad de los márgenes, marginada, des-identificada, fronteriza... Y también, sin duda, el gusto por la hiperteorización —la mayor parte de sus referentes son teóricas y académicas— y el uso de un lenguaje oscuro, ininteligible en ocasiones. Buena parte del feminismo desafía el término con la idea popularizada de «seré posfeminista en el pospatriarcado», refiriéndose así a la principal crítica que se hace a las teorías que se agrupan bajo ese nombre: la negación del patriarcado como un sistema de opresión común a todas las mujeres.

Teoría queer

Queer en inglés es el insulto homófobo por antonomasia: es maricón, bollera, rarito, es todo aquello que se sale de lo normal y pone en cuestión lo establecido. Un grupo de militantes bolleras, negras, chicanas, trans, maricas, seropositivos, pobres, migrantes, paradas, con sexualidades disidentes de la norma heterosexual van a apropiarse del insulto y autodenominarse queer para tomar distancia del término gay, que a finales de los ochenta representaba solamente una realidad de varones homosexuales, blancos, de clase media o alta, con un proyecto político de integración normalizada en el sistema social y de consumo y que excluía toda esa diversidad de sexualidades minoritarias articuladas con posiciones de raza, clase, edad, enfermedad, migración, pobreza, etc.[18]

De esta manera explica Javier Sáez el origen del término «queer», como la reapropiación o resignificación de «lo

18. Javier Sáez, «Queer», en R. Lucas Platero; María Rosón y Esther Ortega (eds.), *Barbarismos queer y otras esdrújulas*, Barcelona, Edicions Bellaterra, 2017, p. 381.

raro» por «los raros y las raras». Un origen militante que, continúa Sáez, Teresa de Lauretis acuña tiempo después como «teoría queer» con el objetivo de «abrir una reflexión teórica sobre esos cuestionamientos que se estaban produciendo en la sociedad por grupos que incorporaban la cuestión racial, de clase, la discapacidad o relativas a lo decolonial como factores clave para entender el sexo, el género y la diversidad sexual más allá de una naturalización o esencialización que concebía el sexo como algo biológico y que se basaba en un modelo heterocentrado y binario».[19]

En 1987, Teresa de Lauretis (Bolonia, 1938) publicaba *Tecnologías del género*, sin duda su libro más influyente. Un año después, introducía en la academia lo que denominó «teoría queer». Según de Lauretis, la teoría queer surge con los objetivos de, por una parte, articular los términos gracias a los cuales las sexualidades gays y lesbianas pueden ser comprendidas e imaginadas como formas de resistencia a la homogeneización cultural. En segundo lugar, articular también los discursos y las prácticas de las homosexualidades en relación con el género y la raza, así como las diferencias de clase o de cultura étnica, de generación y de situación geográfica y sociopolítica.[20] Años después de acuñar la expresión, Teresa de Lauretis la abandonó porque consideraba que las prácticas teóricas e incluso mercadológicas se habían adueñado de la palabra «queer» y la habían vaciado de su contenido político.

Aunque la teoría queer es oscura y controvertida, fluye

19. *Ibid.*, p. 382.
20. Teresa de Lauretis, «Queer Theory: Lesbian and Gay Sexualities», Differences, 3, 1991, en Carolina Meloni, *op. cit.*, p. 77.

constantemente y es utilizada de distinta manera por teóricos y activistas, tiene algunas características compartidas. En primer lugar, se resiste a la categorización de las personas, desafía la idea de identidades esenciales, cuestiona los binarismos (masculino/femenino, homo/hetero...), cuestiona las relaciones de poder que están subyacentes en las categorías y las identidades, y un aspecto importante de la teoría queer es que asegura que la comprensión del sexo, el género y la identidad es *contextual*, es decir, que todas estas ideas se han entendido y practicado de formas distintas a lo largo del tiempo y en las diferentes culturas.[21]

La teoría queer tiene su base teórica en autores postestructuralistas como Jacques Derrida, Jacques Lacan o Michel Foucault (aunque no todos aceptaban que se los llamara así). Los postestructuralistas rechazan la idea de que haya una «verdad» única, universal y absoluta. Son críticos con los sistemas de pensamiento que afirman descubrir «verdades» como la ciencia y la religión y también con las teorías basadas en «grandes narrativas», las que intentan explicar toda la experiencia humana en términos de una estructura específica como las teorías de Freud (la estructura interna del inconsciente) o Marx (la estructura social del sistema de clases).[22]

Por decirlo en otras palabras, la teoría queer es un conjunto de ideas que sostienen que sexo y género no están inscritos en la naturaleza humana, sino que son una construcción social, que varía en cada sociedad y que también varía a

---

21. Meg-John Barker y Julia Scheele, *Queer*, *op. cit.*, p. 31.
22. *Ibid.*, p. 55.

lo largo de la vida de cada persona. Por eso no clasifica en categorías universales y fijas; las personas no son varones, mujeres, heterosexuales, homosexuales, bisexuales, transexuales... Todas son categorías ficticias y mutables. Es decir, «no hay una verdad única sobre quiénes somos». No tenemos ninguna identidad fija, estable, que seamos. En lugar de ello, hay ciertas identidades —como las que se relacionan con el género, la sexualidad, la raza o la clase— que se constituyen de forma cultural a través de procesos ideológicos y según las normas de cada sociedad en cada momento.[23]

Lo queer, situado en los márgenes de los discursos dominantes, va a hacer precisamente de la marginalidad su herramienta política, defendiendo a través de ella la posibilidad de identidades dispersas, de sexualidades periféricas, de realidades distintas. Estos movimientos inician sus reivindicaciones fundamentalmente como reacción a la pandemia del sida y ante la pasividad del Gobierno de Estados Unidos en el tratamiento de la enfermedad. Por primera vez se crean comunidades transversales de cooperación. Y esa es otra de sus características, la idea de transversalidad atraviesa las comunidades y movimientos queer, haciendo que confluyan en ellos no solo una pluralidad de identidades diferentes, sino también una multiplicidad de enfoque teóricos, políticos y filosóficos.[24]

Además de los postestructuralistas, otras autoras influyentes en el desarrollo de la teoría queer fueron Gayle Rubin, Gloria Anzaldúa, Monique Wittig, Esther Newton o

23. *Ibid.*, p. 57.
24. Carolina Meloni, *op. cit.*, p. 78.

Donna Haraway. Y las primeras autoras que desarrollaron la teoría, además de Lauretis, fueron Eve Kosofsky, Sedgwick y, especialmente, Judith Butler, su mayor referente desde la publicación en 1990 del libro *El género en disputa*.

Judith Butler

Butler nació en 1956 en Cleveland, Estados Unidos, en el seno de una familia de ascendencia judeo-húngara y judeo-rusa. La mayor parte de la familia de su abuela materna pereció en el Holocausto y su relación con la filosofía, según sus biógrafas, fue muy precoz. De hecho, Butler es una académica que ha desarrollado toda su vida profesional en la universidad. En 1978 se graduó en Filosofía en la Universidad de Yale y se doctoró en 1984. Tras pasar por las universidades de Heidelberg, Wesleyan, George Washington y Johns Hopkins, desde 1993 es profesora de la Universidad de California, Berkeley.

Sus biógrafas destacan cómo el componente personal, su propia experiencia, condiciona y justifica, al menos en parte, su obra y su activismo y cómo ese componente autobiográfico aparece tanto en sus libros como en sus intervenciones públicas. Para Silvia López, Judith Butler es una persona que notó tempranamente que la manera en la que vivía su sexualidad no era aceptada ni por su familia ni por la sociedad que la rodeaba, y comenzó a hacerse preguntas acerca de por qué determinadas expresiones de género son reprimidas o perseguidas, por qué hay cuerpos a los que, fruto de esas expresiones, se violenta tanto en el hogar como en el espacio público, por qué hay vidas a las que no se les atribuye valor.[25] Victoria Sendón de León también hace hincapié en este aspecto cuando dice «creo percibir entre líneas que su objetivo existencial coincide con su objetivo filosófico, que consiste en deslegitimar el trato ofensivo al que se ha visto sometida. Una niña judía, lesbiana, lectora precoz, inteligente y violentada construye todo un discurso que le permita ser sujeto en un mundo hostil».[26]

Esa niña inteligente solo seis años después de doctorarse publicaría el libro por el que es más conocida, *El género en disputa*, una de las obras fundamentales del pensamiento queer. Para entrar en él, Silvia López nos propone pensar en las normas, prácticas y estructuras con las que convivimos, las mismas que provocan que no todas las personas tengan las mismas posibilidades de vivir una buena vida: la posibilidad de acceder a recursos y servicios públicos, la posibilidad de sobrevivir, vivir o morir y cómo esas normas, prácticas y estructuras tienen una marca de género. Cómo condicionan, determinan o asumen quién tiene que callar y quién puede hablar, qué voz será creída, qué reputación ha de ser salvaguardada, qué nombres y experiencias serán consideradas valiosas y cuáles serán desdeñadas y olvidadas. También serán las que decidan qué cuerpos son aberrantes o monstruosos, a qué cuerpos es asumible violentar, porque habrá indiferencia o tolerancia, hasta amparo insti-

25. Silvia López, *Los cuerpos que importan en Judith Butler*, Madrid, Dos Bigotes, 2019, p. 31.
26. Victoria Sendón de León, «Devenir nómade. Movimientos sociales y feminismos», en Rosa María Rodríguez Magda (ed.), *Sin género de dudas. Logros y desafíos del feminismo hoy*, Madrid, Biblioteca Nueva, 2015, p. 81.

tucional si esa violencia ocurre. Y, por tanto, serán quienes decidan qué vidas cuentan, cómo se distribuye desigualmente la posibilidad de vivir *una vida importante*, una vida propia, una vida en la que sea posible respirar.[27]

López nos propone pensar en esas normas, prácticas y estructuras porque Butler, en su obra, refleja de manera transversal una preocupación acerca de ellas, de las que nos impiden respirar, y se pregunta, por tanto, qué podemos hacer para revertir su fuerza opresiva y para encontrar y crear espacios de libertad que nos permitan vivir la vida que deseamos. Un objetivo «humilde en apariencia»: que más personas puedan respirar, bajar una calle en libertad, vivir una vida libre de violencia, en la que se puedan trazar alianzas en medio de nuestras diferencias para conseguir objetivos comunes. Y para conseguir ese objetivo, según Butler, es necesario prestar atención al cuerpo, un cuerpo que solo entiende en relación porque es incomprensible sin el vínculo con el resto de las personas. El cuerpo, para Butler, no termina en la piel; continúa en el vínculo, argumento de su defensa de nuestra mutua dependencia.[28]

El punto de partida para el libro de Butler, *El género en disputa*, era el «problema» de tratar a las mujeres como un grupo unificado y coherente. Butler se basó en las críticas que ya habían hecho las feministas negras, que señalaron que ser mujer no es la característica definitoria para aquellas personas que también sufren otras opresiones. Ella fue más allá de esas críticas y defendió que al reforzar la idea de

27. Silvia López, *op. cit.*, p. 29.
28. *Ibid.*, p. 30.

mujeres como una identidad estable y unificada, el feminismo se arriesgaba a fortalecer las mismas relaciones de género que combatía.[29]

Así, en *El género en disputa*, concluye:

> El género no debe interpretarse como una identidad estable o un lugar donde se asiente la capacidad de acción y de donde resulten diversos actos, sino más bien, como una identidad débilmente constituida en el tiempo, instituida en un espacio exterior mediante una repetición estilizada de actos. Esta formulación aparta la concepción de género de un modelo sustancial de identidad y la coloca en un terreno que requiere una concepción del género como temporalidad social constituida.[30]

Butler cuestionó las ideas naturalizadas de/sobre los cuerpos y las identidades de género y sexuales desde sus obras más tempranas. En *El género en disputa* cuestiona qué significa ser mujer u homosexual, entre otras categorías adscritas a la identidad sexual; en *Cuerpos que importan* centra su mirada en la categoría «sexo» y sitúa su análisis en el cuerpo como campo de batalla donde se dirimen los límites y fronteras del sexo.[31] Defiende que el género es algo *performativo*; al igual que la sexualidad, el género es lo que haces, no lo que eres.

Quizá sea esta idea de performatividad, elevada a categoría filosófica, la que más presencia tenga en la obra de

---

29. Meg-John Barker y Julia Scheele, *Queer, op. cit.*, p. 74.

30. Judith Butler, *El género en disputa. El feminismo y la subversión de la identidad*, Paidós, 2007, p. 188.

31. Javier Sáez, «Queer», en R. Lucas Platero, María Rosón y Esther Ortega (eds.), *op. cit.*, p. 383.

Butler. Señala Silvia López que este concepto permite a la autora analizar cómo determinados actos producen nuestro género en la medida en que son repetidos continuamente de manera que nuestro cuerpo nos sirve para producir un determinado género a partir de actos, unos intencionales, otros asimilados por las normas y comportamientos que aprendemos socialmente —cómo caminamos, cómo nos vestimos, cómo miramos, cómo expresamos afecto—. El género, entonces, no sería algo que poseemos, sino algo que construimos a partir de determinados actos corporales que unas veces aceptarán las normas de género y otras las desafiarán. Un desafío que puede ser castigado, y esa penalización recaerá en los cuerpos que pueden ser marginados, heridos, asesinados... y en las vidas (que pueden ser definidas como vidas impensables, abyectas o monstruosas).[32]

Quizá la primera crítica que se le hace a la teoría queer —además de ser confusa y utilizar «la mistificación del lenguaje», que diría Lidia Falcón— es la de insistir en colocarse dentro del feminismo cuando es una teoría de la identidad mientras que el feminismo es una teoría política y un movimiento social. Es decir, no se es feminista por ser mujer, gay, lesbiana o trans —como tampoco ser hombre imposibilita ser feminista—, se es feminista por compartir una ideología de justicia, por la forma de pensar y de colocarse en el mundo, no por la identidad que cada una, cada uno, tenga. Las feministas no nacen, se hacen, como dice bell hooks: «Una no se vuelve una defensora de la política feminista simplemente por tener el privilegio de haber nacido mujer. Como en todos los

---

32. Silvia López, *op. cit.*, p. 57.

posicionamientos políticos, una se vuelve partidaria de la política feminista por elección y por acción».[33] La segunda es la de cuestionar el sujeto político del feminismo, las mujeres. Que los actos sexuales sean transgresores (de la heteronormatividad) no quiere decir que sean transformadores, y precisamente el feminismo es una teoría política transformadora, que pretende cambiar la realidad. Los objetivos del feminismo, en líneas generales y a lo largo de su historia, han sido liberarse de la biología como destino, conseguir las condiciones que permitieran a las mujeres diseñar su propia vida y lograr la igualdad y la emancipación. Y especialmente, la principal cuestión de debate para incorporarse como una teoría feminista es su afirmación de que el patriarcado no existe.

Señala Lidia Falcón que las relaciones de género están determinadas por el sexo. Es decir, que la situación de marginación y menosprecio social que sufren las mujeres se debe precisamente a su sexo que, «casualmente», es el sexo reproductor. Es decir, lo opresivo para la teoría queer es que el sexo esté concebido como algo binario (macho/hembra) y no que se haya construido una jerarquía sobre esa diferencia. Desde buena parte del feminismo, lo que se plantea es que la solución para acabar con la opresión es abolir el género, no reconocer un número infinito de categorías. Como señala Celia Amorós, el patriarcado es sinónimo del sistema sexo/género, porque una sociedad igualitaria, una sociedad no patriarcal, no produciría la marca género.

En la misma línea, subraya Alicia Miyares que la teoría

---

33. bell hooks, *El feminismo es para todo el mundo*, Madrid, Traficantes de Sueños, 2017, p. 29.

queer ha convertido la categoría «género», hasta entonces una categoría analítica de interpretación de la cultura y de la realidad, en una categoría de identidad. Así, es complicado aceptar una teoría como feminista si abomina de la categoría «mujeres». «Cuando eliminas la categoría "mujeres", eliminas un sujeto político y las transformaciones de la realidad se han producido cuando el sujeto político de las mujeres ha luchado por ellas. Las mujeres ya no somos mujeres, somos cuerpos o gestantes... según quién nos nombre actualmente», cuestiona Miyares. El genérico «mujeres», no las teorías feministas, forma parte del sujeto revolucionario.

Quizá esta sea una de las paradojas de la política feminista: para hacer valer que son personas, las mujeres deben unirse sobre la base de que son mujeres. Y como las mujeres son la mitad de la humanidad, un grupo tan numeroso y diverso, esa unión no ha sido fácil. Las feministas pueden mantenerse unidas cuando apoyan ideales abstractos como la libertad, la igualdad y la justicia, pero raras veces han estado de acuerdo sobre lo que implican estos ideales en la realidad concreta. Aún más, para constituirse en sujeto político, la unión de las mujeres no se conforma sobre la identidad, sino sobre la experiencia común de opresión y las propuestas políticas para acabar con ella. La historia nos enseña que el feminismo ha concitado un apoyo masivo únicamente cuando sus objetivos políticos han sido compatibles con múltiples creencias e intereses diversos. El movimiento sufragista es, en este sentido, un caso paradigmático.[34]

34. Deborah Cameron, *op. cit.*, pp. 12-13.

Sobre los nuevos conceptos, resulta curioso que quienes niegan el patriarcado hayan acuñado el término «heteropatriarcado», término conflictivo puesto que, si aceptamos su uso en lugar de «patriarcado», también deberíamos hablar de homopatriarcado (señalando la misoginia que también existe entre personas o colectivos gays o trans). Utilizar «heteropatriarcado» invisibiliza esta realidad, porque heteronormatividad, el sistema de organización político-social que impone la heterosexualidad como la opción sana y legítima, no es sinónimo de heteropatriarcado. ¿Teoría queer o feminismo queer? Quizá es interesante hacer esta distinción, en el sentido de que lo queer, en cuanto tiene de teoría de la identidad, no es en sí mismo feminismo, pero puede serlo cuando incluye un componente político de análisis y lucha contra el patriarcado.

Feminismos poscoloniales

La publicación de *Orientalismo*, de Edward Said, en 1978 se considera generalmente el origen del pensamiento poscolonial. Poco después, en 1984, Francis Barker publicaba la recopilación de textos de autores poscoloniales bajo el título *Europa y sus otros* en un clima intelectual marcado por los debates en torno a la posmodernidad y el posestructuralismo. Lo que hoy se conoce como teoría poscolonial se consolidó formalmente como área de investigación y teorización dentro del mundo anglófono, principalmente en la zona geográfica que constituyó el último gran imperio occidental, el Imperio británico, y abarca gran número de disciplinas, desde la historia hasta la crítica literaria, la antropología, los estudios culturales, la teoría política y los estudios de género. A partir de los años ochenta, los estudios poscoloniales se han denominado también «estudios subalternos». Esta segunda denominación tiene su origen en un grupo de intelectuales indios agrupados en torno al historiador Ranjit Guha. El nombre del grupo hace referencia al concepto de subalterno de Antonio Gramsci, que lo definía como aquel sujeto histórico que responde a la categoría de género y etnicidad, más allá del concepto de clase. El subalterno es un sujeto marcado por la violencia de la opresión, la dominación y el colonialismo.[35]

Es en ese contexto en el que nace el feminismo poscolonial y, dentro de él, el pensamiento feminista chicano aparece como uno de sus ejes vertebradores. Incluso, como ya hemos señalado, para Teresa de Lauretis, el posfeminismo comienza con la publicación en Estados Unidos, en 1981, del libro *Esta puente, mi espalda*, libro que no es exclusivamente chicano, pero sí tiene un porcentaje bastante alto de autoras chicanas, comenzando por sus compiladoras, Cherríe Moraga y Gloria Anzaldúa, junto a mujeres de ascendencia latina, indígena, asiática, negra y africana, las «mujeres de color» radicadas en Estados Unidos. Libro que marca una ruptura de conciencia feminista. «Las mujeres de color no tienen que escoger entre sus identidades, porque un movimiento realmente revolucionario las incorporaría a todas», escribe Cherríe Moraga.

35. Carolina Meloni, *op. cit.*, pp. 156-158.

Sin embargo, probablemente la reflexión determinante para la puesta en pie de lo que conocemos como feminismos poscoloniales o «feminismos del tercer mundo» fue la realizada por Chandra Tapalde Mohanty (India, 1955) en su ensayo *Bajo los ojos de Occidente. Academia feminista y discurso colonial*, en 1984. En este libro, Chandra Tapalde Mohanty realiza una dura crítica al feminismo blanco y cuestiona la «falsa neutralidad» de los discursos eurocéntricos, como se recoge en el siguiente fragmento:

Cualquier discusión sobre la construcción intelectual y política de los «feminismos del tercer mundo» debe tratar dos proyectos simultáneos: la crítica interna de los feminismos hegemónicos de Occidente, y la formulación de intereses y estrategias feministas basados en la autonomía, la geografía, la historia y la cultura. El primero es un proyecto de deconstrucción y desmantelamiento; el segundo, de construcción y creación. Estos proyectos —el primero funcionando de forma negativa y el segundo de forma positiva— parecen contradictorios, pero a menos que sus labores respectivas se aborden de forma simultánea, los feminismos del tercer mundo corren el riesgo de verse marginados y guetizados tanto en las tendencias principales (de derecha e izquierda) del discurso feminista como en el discurso feminista de Occidente. Es el primer proyecto el que quiero abordar aquí. Lo que busco analizar es específicamente la producción de la «mujer del tercer mundo» como sujeto monolítico singular en algunos textos feministas (occidentales) recientes. [...] Claramente, el discurso y la práctica política del feminismo occidental no son ni singulares ni homogéneos en sus objetivos, intereses o análisis. Sin embargo, es posible rastrear una coherencia de efectos que resultan del supuesto implícito de Occidente —con todas sus complejidades y contradicciones— como referente primario en teoría y praxis. Mi referencia al «feminismo de Occidente» no pretende de ninguna forma sugerir que se trata de un conjunto monolítico. Más bien busco hacer notar los efectos similares de varias estrategias textuales utilizadas por escritoras que codifican al otro como no occidental y, por lo tanto (implícitamente), a sí mismas como «occidentales». Es en este sentido en el que utilizo el término feminismo occidental. Se puede formular un argumento similar en términos de las académicas de clase media urbana en África o Asia que producen estudios académicos acerca de sus hermanas rurales o de clase trabajadora en los que asumen sus culturas de clase media como la norma y codifican las historias y culturas de la clase trabajadora como el Otro. Así pues, si bien este artículo se enfoca específicamente en lo que denomino el discurso del «feminismo de Occidente» sobre las mujeres del tercer mundo, la crítica que ofrezco también se aplica a académicas del tercer mundo que escriben acerca de sus propias culturas utilizando las mismas estrategias analíticas. [...] La relación entre «mujer», un compuesto cultural ideológico del otro construido a través de diversos discursos de representación (científicos, literarios, jurídicos, lingüísticos, cinemáticos, etc.) y «mujeres», sujetos reales, materiales, de sus propias historias colectivas, es una de las cuestiones centrales que la práctica de la academia feminista busca abordar. La conexión entre las mujeres como sujetos históricos y la representación de mujer producida por los discursos hegemónicos no es una relación de identidad directa, ni de correspondencia o simple implicación. Se trata de una relación arbitraria construida por culturas particulares. Quisiera sugerir que los escritos feministas que aquí analizo colonizan de forma discursiva las heterogeneidades materiales e históricas de las vidas de las mujeres en el tercer mundo, y, por lo tanto, producen/representan un compuesto singular, la «mujer del tercer mundo», una imagen que parece construida de forma arbitraria pero que lleva consigo la firma legitimadora del discurso humanista de Occidente.[36]

Años después, en 2003, Mohanty publicará «De vuelta a "Bajo los ojos de Occidente": la solidaridad feminista a través de las luchas anticapitalistas», reflexión en la que, si bien mantiene sus análisis de 1984, reconoce que los «enemigos» han cambiado, lo que plantea nuevos escenarios para el feminismo y, por tanto, frente a todas las discrepancias, señala como necesaria la unión del activismo feminista internacional.

Para mí, la política del feminismo académico transcultural desde la perspectiva de las luchas feministas del tercer mundo/Sur sigue siendo un espacio de análisis obligado. Los paradigmas analíticos eurocéntricos continúan floreciendo, y yo sigo decidida a participar en los debates para criticar abiertamente los efectos de la colonización discursiva sobre las vidas y las luchas de las mujeres marginadas. Mi compromiso central es construir puentes entre el feminismo académico y la organización política. Mi marco analítico hoy sigue siendo muy parecido al de la primera crítica al eurocentrismo. Sin embargo, actualmente veo la política y la economía del capitalismo como un espacio de lucha mucho más apremiante. Continúo apegada a un marco analítico que atiende a la micropolítica de la vida cotidiana, así como a la macropolítica de los procesos políticos y económicos globales. El vínculo entre la política económica y la cultura sigue siendo crucial para cualquier forma de

36. Chandra Talpade Mohanty, «Bajo los ojos de Occidente: academia feminista y discursos coloniales», en Beatriz Ranea, *Feminismos. Antología de textos feministas para uso de las generaciones más jóvenes y de las que no lo son tanto*, Madrid, Catarata, 2019, pp. 187-196.

labor teórica feminista, como lo es para mi propio trabajo. No es el marco analítico lo que ha cambiado: los procesos políticos y económicos globales se han vuelto más brutales, y han exacerbado las desigualdades económicas, raciales y de género, y necesitan por lo tanto ser desvelados, reexaminados y teorizados. Mientras que mi enfoque anterior examinaba la distinción entre prácticas feministas de Occidente y del tercer mundo, y en ese entonces decidí darles poco énfasis a los elementos comunes entre estas dos posiciones, ahora mi enfoque es lo que he decidido llamar «la práctica transnacional del feminismo anticapitalista», y las posibilidades, o, de hecho, la necesidad de solidaridad y activismo feminista internacional contra el capitalismo.[37]

Esta revisión de estrategia en menos de veinte años que hace Mohanty sugiere el nuevo giro que el feminismo toma a comienzos del siglo XXI, cuando deja de poner la mayor parte de sus energías en sí mismo para volver, fortalecido, al exterior, a la lucha contra el patriarcado. Es decir, la revisión de estrategia de Mohanty apunta al nacimiento de la cuarta ola; pero no nos adelantemos, eso será en el capítulo siguiente. Continuamos en los años ochenta del siglo XX para constatar que en el nuevo análisis que comienzan a hacer los feminismos poscoloniales entran en juego, además del género y la clase social, como en los feminismos anteriores, la combinación de estas con la raza, la diferencia sexual y la tierra (bien sea la propia, la extraña, la frontera). Asimismo, el surgimiento de los estudios poscoloniales será uno de los

---

37. Chandra Talpade Mohanty, «De vuelta a "Bajo los ojos de Occidente": la solidaridad feminista a través de las luchas anticapitalistas», 2003, en Beatriz Ranea, *ibid.*

ejes teóricos más importantes de este nuevo feminismo que llevará a cabo un análisis crítico tanto de las cuestiones de sexo y género como de las cuestiones de la identidad, la subjetividad, el estatuto de la inmigración, de las políticas de representación, el racismo y la diferencia. El feminismo poscolonial parte de dos ideas básicas. Por un lado, la necesidad de «descolonizar» el feminismo considerando que muchas de sus categorías están presas en la lógica colonial y adolecen de racismo y, en segundo lugar y como consecuencia lógica, la necesidad de descolonizar el pensamiento en general, es decir, pensar de una forma diferente.[38]

Como sugería Mohanty en su primer ensayo, en los años ochenta, feministas chicanas, negras, inmigrantes, de clases humildes o de orígenes no europeos, buena parte de ellas residentes en Estados Unidos, América Latina o en las antiguas colonias del Imperio británico, comienzan a cuestionar distintos aspectos del feminismo blanco, en especial, la ausencia de las cuestiones de raza y clase social en sus reivindicaciones políticas, y reclaman que se sienten rechazadas e ignoradas por los propios discursos feministas e incluso que sus problemas no están ni analizados. El ejemplo recurrente es el de Betty Friedan y su libro *La mística de la feminidad*, utilizado tanto por Angela Davis como por bell hooks para explicar la mirada parcial del feminismo blanco. Ambas señalan que los problemas que describía Friedan eran ajenos a las mujeres negras, que lejos de estar relegadas a la esfera de lo doméstico, estaban

---

38. Carolina Meloni, *op. cit.*, p. 138.

siendo explotadas laboralmente tanto en los trabajos productivos como en los de cuidados. Mujeres que estaban lejos, muy lejos de una educación universitaria y no sufrían la asfixia del marido, la casa y los hijos y las hijas porque no tenían maridos, ni hijos ni hogar, o en otros muchos casos tenían hijos, pero no tenían hogar ni marido ni facilidades para sacarlos adelante.

Así, una posible definición de los feminismos poscoloniales sería aquellos que constituyen un conjunto de aportaciones feministas del sur global dispersas en la geografía, pero que se sitúan en geografías y territorios concretos y desde las diversas argumentaciones de la colonialidad y decolonialidad asumen nuevos retos e incorporan nuevos sujetos que han estado silenciados y excluidos en el feminismo hegemónico. Feminismos que, desde la periferia del conocimiento, apuntan a denunciar el carácter eurocéntrico, etnocéntrico y universalizador del sujeto del feminismo hegemónico y de la forma en que este reproduce la colonialidad.[39]

Como todas las corrientes feministas nacidas en la posmodernidad, el feminismo poscolonial también utiliza un lenguaje complejo, lleno de matizaciones y nuevos conceptos. Así, señala Ana Marcela Montanaro que descolonización y decolonialidad no deben ser confundidos. La descolonización se relaciona con los procesos de las luchas anticoloniales y de la independencia de las colonias, una independencia jurídico-política, mientras que la decolonialidad hace referencia a un proceso posterior, de reconstrucción tras la

39. Ana Marcela Montanaro, *op. cit.*, p. 76.

colonización impuesta, aunque esta formalmente ya haya desaparecido.[40] También, igual que otras autoras posmodernas, la cuestión del sujeto del feminismo aparece como una constante en la mayoría de las reflexiones del feminismo poscolonial señalando que faltan en el discurso del feminismo blanco que ha exotizado o silenciado a las mujeres cuyas experiencias de subordinación están marcadas por la raza y la clase. Las feministas poscoloniales se enfrentarán asimismo al concepto de cultura y lo analizarán atravesado por las relaciones de poder. El tercer rasgo en común es el análisis profundo de los procesos de globalización y de capitalismo neoliberal.[41]

En la consolidación de los feminismos poscoloniales tiene una influencia determinante Gayatri Chakravorty Spivak (India, 1942), especialmente su ensayo *¿Puede hablar el sujeto subalterno?* (1985), en el que plantea una dura crítica a la labor de los intelectuales y a cómo cooperan con los sistemas de dominación. La obra de Spivak se centra en la idea de «sujeto subalterno» —considerado como el «subproletariado racial», la parte de la población que vive en los márgenes de la sociedad y que no tiene acceso a los circuitos intelectuales ni, en muchos casos, políticos— y sus posibilidades de generar un discurso y una práctica emancipadores. Spivak relata en su ensayo la vida de las viudas en India y la historia de Bhuvaneswari Bhaduri, una joven militante del movimiento independentista indio que se suicidó en 1926 tras reconocerse incapaz de cometer el crimen político

40. *Ibid.*
41. Carolina Meloni, *op. cit.*, pp. 146-147.

que le habían encomendado. Bhaduri esperó a tener la menstruación para suicidarse; de esta forma, evitaría que su muerte se interpretara como huida ante un embarazo no deseado fruto de una «pasión ilegítima». Spivak afirma que el suicidio de Bhuvaneswari Bhaduri es una «escritura subalterna», un acto de resistencia de quien no tiene otros medios a su alcance para hacer oír su voz. Para Spivak hay un sujeto subalterno que no es poseedor ni de historia ni de habla; es el sujeto femenino, el que «está aún más profundamente en tinieblas».[42]

La «política de localización», formulada por Adrienne Rich, que fue posteriormente enriquecida y reelaborada por la norteamericana Donna Haraway, quien desarrolla el concepto de «saberes situados»; es una postura epistemológica crítica, fundamental en los feminismos poscoloniales. Se fundamenta en la necesidad de especificar desde qué punto de vista se parte en toda investigación y por qué ese y no otro, explicitando así la toma de posición política de manera ética, pues asumir una posición no es un hecho neutro.[43] Otra contribución teórica importante en este marco es la capacidad o las capacidades de agencia de las mujeres. Un concepto definido por la feminista islámica Saba Mahmood como «la capacidad de realizar los propios intereses en contra del peso de las costumbres, las tradiciones, la voluntad trascendental u otros obstáculos, ya sean individuales o colectivos».[44]

---

42. Rebeca Moreno (coord.), *Feminismos. La historia*, Madrid, Akal, 2019, pp. 268-269.
43. Ana Marcela Montanaro, *op. cit*., p. 108.
44. Saba Mahmood, «Teoría feminista, agencia y sujeto de liberación:

Gloria Anzaldúa

El feminismo chicano traza las identidades múltiples que habitan la frontera material y simbólica, y será Gloria Anzaldúa (Estados Unidos, 1942-2004) quien sentará las bases de la elaboración del «pensamiento de frontera». En *Esta puente, mi espalda*,[45] se presenta con su autobiografía, que titula «La prieta»: «Soy una puente columpiada por el viento, un crucero habitado por torbellinos, Gloria, la mediadora, montada a horcajadas en el abismo. "Tu lealtad es a La Raza, al Movimiento Chicano", me dicen los de mi raza. "Tu lealtad es al Tercer Mundo", me dicen mis amigos negros y asiáticos. "Tu lealtad es a tu género, a las mujeres", me dicen las feministas. También existe mi lealtad al movimiento gay, a la revolución socialista, a la Época Nueva, a la magia y a lo oculto. ¿Qué soy? Una lesbiana feminista tercermundista inclinada al marxismo y al misticismo. Me fragmentarán y a cada pequeño pedazo le pondrán una etiqueta. ¿Me dices que mi nombre es la ambivalencia? Piensa en mí como Shiva, con un cuerpo de muchos brazos y piernas, con un pie en la tierra color café, otro en lo blanco, otro en la sociedad heterosexual, otro en el mundo gay, otro en el mundo de los hombres, de las mujeres, un brazo en la clase obrera, los mundos socialistas y ocultos. Un tipo de mujer araña colgando por un hilo de su telaraña».

---

algunas reflexiones sobre el renacimiento islámico en Egipto», en Liliana Suárez y Rosalva Aída Hernández (eds.), *Descolonizando el feminismo. Teorías y prácticas desde los márgenes*, Valencia, Cátedra, 2011, p. 176.

45. Las redactoras chicanas de *Esta puente, mi espalda* han reavivado la forma femenina de «puente» que se vio en la poesía del castellano antiguo.

Como feminista, Anzaldúa critica el machismo del nacionalismo chicano y su limitado sentido de la «tradición»; como chicana, confronta el etnocentrismo, el racismo y el clasismo del movimiento feminista anglosajón, y como lesbiana cuestiona la homofobia del movimiento chicano y el sesgo heterosexista en el movimiento feminista. El pensamiento de Gloria Anzaldúa desborda y no admite clasificación, igual que el libro con el que marcó la diferencia, *Borderlands / La Frontera: The New Mestiza* (1987), un texto extraordinario, difícilmente catalogable, escrito sobre todo en inglés, con amplios fragmentos o palabras y frases intercaladas en español y con términos en náhuatl; que no es un poemario ni un ensayo ni una autobiografía; es todo a la vez, pero, como señala la autora, es «por encima de todo una lucha feminista».[46]

Anzaldúa utiliza la categoría «frontera» como grieta simbólica y emocional, como una «herida abierta», la herida colonial que atraviesa su cuerpo de mujer tercermundista, pobre y lesbiana. La frontera es, señala Carolina Meloni, por tanto, una alegoría de la falta de identidad y de lugar, así como la constatación de una situación sociohistórica real de marginación y opresión. En el texto, sin embargo, lo fronterizo muta y se reelabora, hasta convertirse en una herramienta política para la transformación social.

La verdadera frontera física a la que hago referencia en este libro es la situada entre Texas, en el suroeste de Estados Uni-

46. Gloria Anzaldúa, *Borderlands/La frontera. La nueva mestiza*, Madrid, Capitán Swing, 2016, p. 142.

dos, y México. Los territorios fronterizos psicológicos, sexuales y espirituales no son específicos del suroeste. De hecho, las tierras fronterizas están presentes de forma física siempre que dos o más culturas se rozan, cuando gentes de distintas razas ocupan el mismo territorio, cuando la clase baja, media, alta e infra se tocan, cuando el espacio entre dos personas se encoge con la intimidad compartida.[47]

Meloni presenta a Anzaldúa como una niña nacida en el sur de Texas, en el seno de una humilde familia de agricultores, con una infancia marcada por la enfermedad, la pobreza y la inmigración. En sus escritos, la mayoría de ellos autobiográficos, el dolor y la miseria se hacen carne, se materializan en operaciones y tratamientos médicos que van dejando sus huellas y marcas lacerantes en su débil y vulnerable cuerpo. Demasiado morena e india, tan frágil como «machona» y poco femenina. Gloria, la «prieta», achacaba su frágil salud a las fumigaciones que había sufrido de niña, cuando las avionetas de las multinacionales *yankees* lanzaban su veneno sobre los jornaleros mexicanos que trabajaban el campo. No es casual que la precariedad de su ser se plasme en una escritura hecha carne, en una corpo-política surgida de las entrañas, de ese cuerpo herido y desgarrado de la mujer del tercer mundo. Escritura-orgánica, llama Anzaldúa al texto vivo, a las palabras de un monstruo que se convierten en sus únicas armas para la supervivencia.[48]

47. *Ibid.*, p. 35.
48. Carolina Meloni, «Bárbara y mestiza: el feminismo de Gloria Anzaldúa», *El Salto*, 7 de marzo 2019. https://www.elsaltodiario.com/el-rumor-de-las-multitudes/barbara-y-mestiza-el-feminismo-de-gloria-anzaldua

Anzaldúa se sitúa en la frontera, aquella que separa México de Estados Unidos, pero también arrastra otras fronteras más profundas, como son las identitarias, lingüísticas, epistemológicas y sexuales. Es *una de las otras*, siempre deslocalizada, siempre fuera de lugar. Ni del todo mexicana, pero tampoco estadounidense como tal; atravesada por las dos lenguas del colonizador: el español y el inglés. Para esta chicana, cuyo cuerpo guarda la memoria de siglos de explotación, barbarie, homofobia y racismo, la guerra de independencia es una constante, la lucha política por la emancipación no cesa.[49]

Vivir en las Fronteras
significa que tú
no eres hispana india negra española
ni gabacha, eres mestiza, mulata, media casta
atrapada en el fuego cruzado entre los bandos
mientras cargas las cinco razas a tu espalda
sin saber a qué lado volverte, de cuál huir;
Vivir en las Fronteras significa saber
que la india en ti, traicionada por 500 años,
ya no te habla,
que las mexicanas te llaman rajetas,
que negar lo anglo en tu interior
es tan malo como haber negado lo indio o lo negro;

Cuando vives en las Fronteras
la gente te pasa a través, el viento roba tu voz,

49. *Ibid.*

eres burra, buey, chivo expiatorio,
precursora de una raza nueva,
mitad y mitad —tanto mujer como hombre, ninguno
                                    [de los dos—
un nuevo género;

Vivir en las Fronteras significa que
le echas chile al borscht,
comes tortillas de trigo integral,
hablas tex-mex con acento de Brooklyn;
la migra te para en los controles;

Vivir en las Fronteras significa que luchas duro para
resistir el elixir dorado que nos llama desde la botella,
el tirón del cañón del arma,
la cuerda que aplasta el hueco de tu garganta;

En las Fronteras
tú eres el campo de batalla
donde los enemigos son familia;
te sientes en casa, una fuereña,
se han resuelto las disputas fronterizas
el rebote de los tiros ha roto la tregua
estás herida, en combate perdida,
muerta, devolviendo el golpe;

Vivir en las Fronteras significa
que el molino con afilados dientes blancos quiere
                                    [destrozar
tu piel morena cobriza, aplastar la semilla, tu corazón

molerte, amasarte, aplanarte
con aroma a pan blanco pero muerta;

Para sobrevivir en las Fronteras
debes vivir sin fronteras
ser cruce de caminos.[50]

Feminismo negro

Aunque sus planteamientos tengan raíces similares a las del feminismo poscolonial, el feminismo negro tiene su propia historia, muy anterior a los estudios poscoloniales, y su propia genealogía, que se remonta, al menos, con Sojourner Truth hasta el siglo XVIII. Truth no sabía leer ni escribir, pues estaba prohibido y castigado con la muerte para los esclavos, pero fue la única mujer negra que consiguió asistir a la Primera Convención Nacional de Derechos de la Mujer, en Worcester, en 1850. Al año siguiente, pronunció un discurso en la Convención de Akron que aún hoy se recuerda con el título «¿Acaso no soy una mujer?» y con el que enfocó, por primera vez, los problemas que tenían las mujeres negras, asfixiadas entre la doble exclusión: la de la raza y la del género.

Creo que con esa unión de negros del sur y de mujeres del norte, todos ellos hablando de derechos, los hombres blancos estarán en un aprieto bastante pronto. Pero ¿de qué están hablando todos aquí?

50. Gloria Anzaldúa, *op. cit.*, pp. 261-262.

Ese hombre de allí dice que las mujeres necesitan ayuda al subirse a los carruajes, al cruzar las zanjas y que deben tener el mejor sitio en todas partes. ¡Pero a mí nadie me ayuda con los carruajes, ni a pasar sobre los charcos, ni me dejan un sitio mejor! ¿Y acaso no soy yo una mujer? ¡Miradme! ¡Mirad mi brazo! ¡He arado y plantado y cosechado, y ningún hombre podía superarme! ¿Y acaso no soy yo una mujer? [...] He tenido trece hijos, y los vi vender a casi todos como esclavos, y cuando lloraba con el dolor de una madre, ¡nadie sino Jesús me escuchaba! ¿Y acaso no soy yo una mujer?[51]

El discurso de Sojourner Truth abría el camino para el desarrollo del feminismo de las mujeres negras y demostraba que las supuestas debilidades «naturales» de las mujeres o sus incapacidades para según qué trabajos o responsabilidades solo eran disquisiciones absurdas e interesadas. Lo que el feminismo posmoderno denominó «interseccionalidad» ya estaba presente en el discurso de Sojourner Truth, está en el inicio genealógico del feminismo negro afroamericano.

Sojourner Truth nació esclava en 1797 en Ulster County, Nueva York, y le pusieron el nombre de Isabella Van Wagenen. En 1826, huye a Canadá con Sophia, su hija menor, y tiene que esperar hasta el 4 de julio de 1827 —fecha en la cual el estado de Nueva York declara la abolición de la esclavitud— para regresar y recuperar a sus hijos. Uno de ellos, Peter, había sido comprado ilegalmente por un terrateniente en el estado de Alabama. En su pelea para

51. Miriam Scheneir, *Feminism, The Essential Historical Writings*, Nueva York, Vintage Books, 1972, p. 94; citado en Cristina Sánchez, *op. cit.*, p. 47.

conseguir la libertad de su hijo se convertirá en la primera mujer negra en Estados Unidos que gana un pleito a un hombre blanco.

A los cuarenta y seis años, comienza una nueva etapa para ella. Se establece en Nueva York y cambia su nombre por el de Sojourner Truth y decide que dedicará su vida a predicar por los derechos civiles, contando la verdad y luchando contra las injusticias. Así comienza sus viajes por el este y el medio oeste de Estados Unidos para ejercer de oradora con un potente discurso que exige la abolición de la esclavitud, el derecho al voto de las mujeres, la reforma del sistema penitenciario, los derechos de los nuevos hombres libres y el fin de la pena de muerte.[52]

El movimiento feminista negro surgió en la confluencia, no exenta de tensiones, entre el movimiento abolicionista y el sufragismo. Señala Mercedes Jabardo que, aun teniendo una presencia relevante en ambos, la combinación de racismo y sexismo terminó excluyendo a las mujeres negras de los dos. Las pioneras de este feminismo son, sin duda, Sojourner Truth e Ida Wells, la mujer que se negó a levantarse de un asiento de tren en la zona reservada para blancos 71 años antes de que Rosa Parks repitiera la acción y con ello desencadenara las protestas pacíficas que nueve años más tarde, en 1964, conseguirían la aprobación de la Ley de Derechos Civiles. Pero cuando Ida se atrevió a enfrentarse a la segregación racial era el año 1884. Ambas, Sojourner Truth e Ida Wells, sentaron las bases de lo que sería el pen-

---

52. Mary G. Butler, *Sojourner Truth. A Life and Legacy of Faith*, Sojourner Truth Institute of Battle Creek y Historical Society of Battle Creek. http://www.sojournertruth.org/library/archive/LegacyOfFaith.htm

samiento del feminismo negro, la clara alianza entre la reflexión teórica y las estrategias de movilización.[53] También son reflejo de la forma colectiva de generar pensamiento del feminismo negro. Si «¿Acaso no soy una mujer?» se considera el «texto» fundacional, Ida Wells introdujo uno de los temas que sería central en el feminismo negro: la forma en la que la intersección entre raza y género construye de forma desigual la sexualidad de la población blanca y de la población negra. Lo hizo subrayando los mecanismos a través de los cuales se demonizan las relaciones raciales entre hombres negros y mujeres blancas —usando el término «violación» para cualquier tipo de contacto o acercamiento entre unos y otras—, y la forma en la que se naturaliza cualquier forma de agresión sexual (violación) de hombres blancos a mujeres negras.[54]

Ida Wells (1862-1931) nació esclava en Mississippi, hija de esclavos, y esa fue su situación durante catorce meses, hasta la Proclama de Emancipación de Abraham Lincoln de 1863. Cuando una epidemia de fiebre amarilla acabó con la vida de sus padres, Wells todavía era una adolescente y tuvo que hacerse cargo de cinco hermanos y hermanas pequeños. Wells no solo no se levantó del asiento en el tren, sino que con 22 años se enfrentó a la discriminación racial presentando una demanda judicial contra la compañía ferroviaria (que finalmente perdió). Mientras ejercía como docente para sacar adelante a su familia, empezó a colaborar en diarios especializándose en temas raciales, hasta llegar a ser, en 1889,

53. Mercedes Jabardo (ed.), *Feminismos negros. Una antología*, Madrid, Traficantes de Sueños, 2012, pp. 27-28.
54. *Ibid.*, p. 31.

editora del periódico antisegregacionista *Free Speech* (Libertad de expresión).

Wells se convirtió en una reputada intelectual, periodista y activista negra tras dedicar su energía a la lucha contra los linchamientos sistemáticos a los que se sometía a la población negra, después de constatar que las víctimas de estos no habían sido culpables de los crímenes que les imputaban (la mayor parte de las veces, un acto de violación). A esta conclusión llegó de manera tan dramática como fortuita, cuando tres de sus amigos más íntimos fueron linchados acusados de este delito. Los asesinatos de sus amigos la empujaron a investigar de forma sistemática todos los actos de linchamiento cometidos en el Sur, utilizando la misma táctica que años después utilizarían las feministas blancas para demostrar la estremecedora magnitud de los asesinatos por violencia de género. Así, Wells se dedicó a estudiar los relatos de los linchamientos que aparecían en los periódicos de blancos, con los que elaboró y publicó estadísticas demoledoras.[55]

Tras el asesinato de sus amigos, convirtió el periódico en una poderosa herramienta contra los linchamientos. En 1892 publicó *Horrores del Sur: la ley Lynch en todas sus fases*, que junto a *A Red Record* (Un logro rojo) fueron el inicio de su documentada investigación y su larga campaña (en realidad duraría toda su vida) contra este tipo de violencia racial. Recorrió Estados Unidos haciendo un llamamiento tanto a negros como a blancos, y sus giras por el extranjero alentaron a la población europea a organizar campañas

55. *Ibid.*, p. 31.

de solidaridad contra el linchamiento de las personas negras en Estados Unidos. Su voz fue tan potente que tuvo que abandonar su casa para establecerse en Nueva York después de que las oficinas de su periódico en Memphis fueran destruidas por una turba racista indignada con su trabajo de denuncia.

En el siglo XIX, además del trabajo de Ida Wells, destacaron figuras como Anna Julia Cooper y Mary Church Terrell. Cooper, nacida esclava en 1858, en Carolina del Norte, publicó en 1892 su obra fundamental, *Una voz del sur: por una Mujer Negra del Sur*, un libro considerado un hito en la filosofía social y política de las mujeres afroamericanas.

La tesis de esta obra sostenía que las mujeres afroamericanas son perfectamente capaces de alcanzar altos niveles de educación. Y, además —sostiene Cooper—, la educación de las mujeres y su participación en la vida pública supondrían un aporte monumental no solo para las comunidades afroamericanas, sino para toda la sociedad estadounidense. La liberación y aprovechamiento del intelecto femenino transformaría el transcurso de la historia, lo que llevaría a un mayor conocimiento de los potenciales humanos.

Mary Church Terrell (1863-1954) también nació en una familia de exesclavos, pero gracias a una herencia de su padre disfrutó de unas oportunidades educativas excepcionales. De hecho, fue una de las primeras mujeres afroamericanas (la tercera) en obtener un título universitario y prosiguió sus estudios en varias instituciones europeas. La propia Ida Wells aseguró que «la señora Terrell era, sin ningún género de duda, la mujer mejor educada que había entre nosotras».[56] En opinión de Angela Davis, pocas personas podían igualar a Mary Church Terrell como abogada de la liberación negra por medio de la palabra, tanto oral como escrita. Luchó por la liberación de su pueblo empleando la lógica y la persuasión.

Escritora elocuente, poderosa oradora y maestra en el arte del debate, Terrell libró defensas tenaces y fundamentadas de la igualdad de los negros y del sufragio de las mujeres, así como de los derechos de los trabajadores. Fue una activa militante de la Asociación Nacional del Sufragio de la Mujer y en 1940 publicó su autobiografía titulada *Una mujer de color en un mundo blanco*. Al igual que Ida B. Wells, Terrell permaneció activa hasta el momento de su muerte, a la edad de noventa años. Cuando contaba con ochenta y nueve, en uno de sus últimos gestos de contestación al racismo, participó en un piquete en Washington D. C.[57]

Ningún estudio sobre el papel desempeñado por las mujeres en la resistencia a la esclavitud estaría completo sin pagar un tributo a Harriet Tubman (1820-1913), asegura Angela Davis en *Mujeres, raza y clase*. Una mujer excepcional, la califica, no solo por las extraordinarias hazañas que protagonizó como conductora del Ferrocarril Clandestino, que ayudaron a liberar a trescientas personas, sino también por cómo expresó el espíritu de fuerza y perseverancia que habían ad-

---

56. Ida B. Wells, «Crusade for Justice: The Auto-Biography of Ida B. Wells», Alfreda M. Duster (ed.), Chicago y Londres, University of Chicago Press, 1970, p. 260, en Angela Davis, *Mujeres, raza y clase*, Akal, Madrid, 2005, p. 138.

57. Angela Davis, *op. cit.*, pp. 138-139.

quirido muchas otras mujeres de su raza.[58] El Ferrocarril Clandestino fue la organización que ayudaba a los esclavos huidos a llegar al Norte o a Canadá utilizando una red de colaboradores formada por personas contrarias a la esclavitud y, principalmente, por mujeres y hombres negros fugitivos y liberados. Tubman fue una de sus conductoras más populares.

Davis destaca de la vida de Tubman que sus primeros años transcurrieron trabajando en el campo de Maryland, donde aprendió, a través del trabajo, que su potencial como mujer era el mismo que el de cualquier hombre. Su padre le enseñó a cortar madera y a separar las vías del tren, y como trabajaban codo con codo, le dio lecciones que, posteriormente, se revelarían indispensables en las diecinueve ocasiones que cruzaría las fronteras entre el Norte y el Sur de Estados Unidos. Aprendió a caminar sigilosamente por los bosques, a encontrar comida y medicinas entre las plantas, raíces y hierbas. Nunca sufrió una derrota. A lo largo de todo el período de la guerra civil, Tubman continuó su oposición implacable a la esclavitud y, actualmente, todavía ostenta el mérito de ser la única mujer en Estados Unidos que ha conducido, en alguna ocasión, las tropas en la batalla, dirigiendo un batallón.[59]

Durante los años cincuenta y sesenta, en Estados Unidos se desplegó el Movimiento por los Derechos Civiles que reclamaba la inclusión de la población negra en la condición de ciudadanía, puesto que, aunque la abolición de la esclavitud se produjo en Estados Unidos en 1865, con ello no se modificaron sustancialmente las condiciones de desigualdad entre

58. *Ibid.*, p. 31.
59. *Ibid.*, p. 32.

la población. En 1966, bajo la idea de la nación negra, jóvenes activistas crearon el partido de las Panteras Negras, grupo que buscaba vigilar las actuaciones de la policía y articular acciones de autodefensa, y que contaba con una gran participación de mujeres entre sus filas. En la década siguiente, en los años setenta, las feministas negras se incorporaron activamente a la universidad buscando el reconocimiento de identidades y cuestionando las formas de representación vigentes. Recuperaron la voz en dos sentidos muy concretos, evidenciando el discurso de la dominación y, al mismo tiempo, incorporando sus experiencias y realidades.[60]

Y se mantuvo viva la genealogía del siglo anterior. Así, en 1975 nace Combahee River Collective en Boston. Negras y lesbianas, cansadas del machismo en el Movimiento por los Derechos Civiles y en Panteras Negras, publican su *Declaración Feminista Negra*: «Estamos comprometidas a luchar contra la opresión racial, sexual, heterosexual y clasista... Nuestra tarea específica es el desarrollo de un análisis y una práctica integrados basados en el hecho de que los sistemas mayores de la opresión se eslabonan —y añaden—: sentimos solidaridad con los hombres negros progresistas y no defendemos el proceso de fraccionamiento que exigen las mujeres blancas separatistas». Combahee River Collective tomó el nombre de la acción guerrillera de Harriet Tubman el 2 de junio de 1863 en Carolina del Sur, en la que se liberó a más de 750 personas esclavas y, como ya hemos señalado, fue la única campaña militar en la historia norteamericana dirigida por una mujer.

60. Rebeca Moreno (coord.), *op. cit*., pp. 218-220.

Señala Mercedes Jabardo que mientras el feminismo ilustrado de la segunda mitad del siglo xx se desarrolla a partir de Simone de Beauvoir y su afirmación «No se nace mujer, se llega a serlo», los discursos en el feminismo negro parten en esa época de una negación, de una exclusión, de un interrogante, el que retoma bell hooks en 1981, de Sojourner Truth, en uno de los primeros textos del pensamiento feminista negro de la década de los ochenta, *¿No soy una mujer? Mujeres negras y feminismo*.[61] La propia bell hooks relata así la experiencia con su primer libro:

> Tenía diecinueve años, no conocía lo que era trabajar a jornada completa y venía de un pequeño pueblo segregado por raza al sur de la Universidad de Stanford. Crecía enfrentándome al pensamiento patriarcal, pero fue en la universidad donde tomé parte en el feminismo. Era la única mujer negra en las aulas feministas y, en esa toma de conciencia, di mis primeros pasos en la relación teórica entre raza y género, empecé a reclamar que se reconociera que el sesgo racista afectaba al pensamiento feminista y comencé a exigir un cambio. En otros lugares, otras mujeres negras y de color estaban haciendo la misma crítica.[62]

bell hooks nació como Gloria Jean Watkins en 1952 en el pequeño pueblo de Hopkinsville (Kentucky). Creció como una niña negra y pobre pero ávida lectora y tremendamente inteligente, lo que junto a su valentía y tenacidad fueron las herramientas que necesitó para llegar a la uni-

---

61. bell hooks, *Ain't a Woman: Black Women and Feminism*, Boston, South End Press, 1981, en Mercedes Jabardo, *op. cit.*, p. 32.
62. bell hooks, *El feminismo es para todo el mundo*, Madrid, Traficantes de Sueños, 2017, p. 83.

versidad. En ese momento cambió su nombre. Decidió llamarse bell hooks, un derivado del nombre de su bisabuela materna, Bell Blair Hooks, y decidió también escribirlo con minúsculas alegando que «lo más importante es lo que digo en mis libros, no quién soy».

En 1984 bell hooks publicó *Teoría feminista: de margen a centro*, en el que relata las voces marginadas y afirma: «Estar en el margen es ser parte del todo, pero fuera del cuerpo principal» y en el que aboga por el reconocimiento de las diferencias entre mujeres sin dejar de aceptarse unas a otras. Con una mirada retrospectiva, con la distancia que dan los años transcurridos, hooks relata la década de los ochenta como la época en la que se consiguió, con éxito, introducir el debate sobre la raza en el movimiento feminista, lo que contribuyó a fortalecerlo. «En aquella época, las mujeres blancas que no estaban dispuestas a enfrentarse a la realidad del racismo y la diferencia racial nos acusaban de traidoras por introducir la cuestión racial. De una manera injusta, pensaban que estábamos desviando la atención del género. En realidad, lo que estábamos demandando era que se afrontase el estatus de las mujeres de una forma realista y que esa mirada sirviera de base para crear una verdadera política feminista.»

Asegura hooks que su intención no era ensombrecer la soroidad, sino poner en marcha políticas concretas de solidaridad que hicieran posible una soroidad verdadera. Su balance es positivo, puesto que afirma que las intervenciones críticas sobre la cuestión racial no destruyeron el movimiento de las mujeres, sino que lo fortalecieron. «Al derrumbar la negación de la raza, las mujeres pudieron afrontar la realidad de las diferencias a todos los niveles; por fin estábamos creando un movimiento en el que se podía hablar de todas nuestras realidades.»[63]

En el mismo año, en 1984, Audre Lorde (1934-1992) publica el libro *La hermana, la extranjera*, una recopilación de diferentes escritos y conferencias entre las que aparece una de sus reflexiones más conocidas:

> Quienes no entramos en el círculo de la definición de mujer aceptable en esta sociedad; quienes hemos sido forjadas en los crisoles de la diferencia: pobres, lesbianas, negras, mayores, sabemos que la supervivencia no es una habilidad académica. Es aprender a tomar nuestras diferencias y hacerlas fortalezas. Pues las herramientas del amo nunca desmantelarán la casa del amo. Nos permitirán ganarle una partida de su juego, pero nunca traer el verdadero cambio.
>
> Lorde se propone romper el silencio, la tiranía del silencio:
> Soy una feminista negra lesbiana guerrera poeta y madre de dos hijos que hago mi trabajo ¿Quiénes sois vosotras y cómo hacéis el vuestro?

La poeta se presenta como mujer compleja, pero, por encima de todas sus características, Lorde se siente una guerrera construida gracias a las mujeres que rodearon su infancia en Harlem «llameantes como antorchas», al misterio de la mujer que fue su madre, a la isla de Granada, tierra de sus antepasadas... Una guerrera (adoptó este nombre —Gamba Adisa, guerrera: la que se hace comprender— en una ceremonia africana de bautizo poco antes de fallecer) que denuncia el racismo, el clasismo, el sexismo y la homofobia en todos los lugares por los que pasó. Lorde vivió en

63. *Ibid.*, pp. 83-84.

México y posteriormente en Alemania, donde permaneció desde 1984 hasta 1992 como profesora visitante en la Universidad Libre de Berlín. En sus reflexiones, señala cuatro tipos de ceguera: el racismo, el sexismo, el heterosexismo y la homofobia, y todas comparten una única raíz, la incapacidad para reconocer el concepto de diferencia. En la misma línea que bell hooks, Lorde asegura que las diferencias no separan; lo que separa, por el contrario, es precisamente la negativa a reconocer las diferencias.

Pero, sin duda, la irrupción más potente del feminismo negro en la gran catarata de los años ochenta fue la publicación, en 1981, del libro de Angela Davis *Mujeres, raza y clase*. Oficialmente se presenta como activista por los derechos civiles, miembro del Partido de las Panteras Negras y profesora del departamento de Historia de la Conciencia en la Universidad de California. Angela Davis llegó a ser incluida en la lista de las personas más buscadas del FBI en los años sesenta. Tras múltiples enfrentamientos con la justicia por su activismo revolucionario, fue condenada a pena de muerte en 1972, acusada de asesinato y secuestro. La sentencia fue retirada un año después debido a la intensa movilización internacional, que llevó a Davis a convertirse en uno de los símbolos de la lucha por los derechos civiles de los hombres y las mujeres de color.

A lo largo de su vida, Angela Davis se dio cuenta de que la igualdad entre blancos y negros solo podría hacerse realidad cuando también existiese paridad de derechos entre hombres y mujeres, y se convirtió también en una figura destacada del movimiento feminista. En 2006 fue galardonada con el Premio Thomas Merton, en reconocimiento a su lucha por la justicia, y en 2014 recibió el título de doctora honoris causa de la Universidad de Nanterre, Francia.[64] Pero su biografía da cuenta de una niña que nació (en 1944) y creció en Birmingham, Alabama, en un barrio conocido como Colina Dinamita, por lo habitual que eran las bombas de los supremacistas blancos contra las casas de las familias negras.

Angela Davis tenía cinco años cuando escuchó la primera explosión en la casa de enfrente y seis cuando un verano en Nueva York le hizo tomar conciencia de la segregación en la que vivía. «En Birmingham, si teníamos hambre por la calle, debíamos esperar a llegar a un barrio negro para comer algo, porque los restaurantes y puestos de bocadillos estaban reservados a los blancos. En Nueva York se podía comprar un bocadillo en cualquier parte. En Birmingham, para ir al lavabo o beber un poco de agua teníamos que buscar antes el letrero "Negros". En el sur de Estados Unidos, la mayoría de los niños negros de mi generación aprendimos a leer las inscripciones "Negros" y "Blancos" mucho antes que cualquier otra cosa.»[65]

Cines segregados, parque de atracciones al que no podían entrar las niñas y los niños negros, los asientos traseros del autobús, nada de ir detrás del conductor, su lugar favorito de pequeña... Davis subraya en su autobiografía que a los quince años, cuando se fue de casa para continuar sus estudios en un instituto en Nueva York, el impacto del racismo sobre ella había sido enorme. Trasladarse a Nueva York en plena época McCarthy no lo fue menos, por lo que

64. Ángela Davis, *Autobiografía*, Madrid, Capitán Swing, 2017.
65. *Ibid.*

cuando cayó en sus manos el *Manifiesto comunista* la impresionó «como el resplandor de un relámpago». A partir de ahí, estudió filosofía en París y Frankfurt, fue alumna de Adorno y Marcuse, y actualmente es profesora emérita del Departamento de Historia de la Conciencia de la Universidad de California en Santa Cruz, junto a Donna Haraway y Teresa de Lauretis.

El libro de Angela Davis *Mujeres, raza y clase* no fue determinante en cuanto a algún tipo de teoría o propuesta feminista, sino en cuanto al énfasis que puso en analizar cómo las mujeres negras se relacionaban con los diferentes movimientos sociales y, especialmente, a las tensiones con el movimiento feminista, además de recorrer la historia de la esclavitud de las mujeres negras afirmando que en algunos aspectos eran despojadas de género, pero en otros su castigo iba más allá de los azotes y las mutilaciones; también consistía en violaciones, la forma en la que se forjaba la dominación masculina sobre ellas y sobre los hombres negros.

Davis recordaba su no-feminismo de entonces en una entrevista reciente: «Cuando escribí en 1981 el libro *Mujeres y racismo*, todo el mundo pensó que era feminista. No, no soy feminista —decía entonces—, soy una revolucionaria negra. No veía cómo las dos cosas tenían que ver una con otra».[66] Lo que hizo a Angela Davis feminista, años después, fue descubrir la interseccionalidad y, al explorarla, identificar en ella el papel del feminismo. Para Davis, el feminismo in-

66. Sara Beltrane, «Angela Davis: "La esperanza revolucionaria se encuentra en las mujeres que son abandonadas por la historia"», *Píkara*, 21 de noviembre de 2017. https://www.pikaramagazine.com/2017/11/angela-davis/

terseccional es el instrumento de trabajo necesario para el reconocimiento no solo de la interrelación de nuestras identidades, sino también de las luchas por la justicia social.

En la tarea de poner en pie una teoría feminista negra, que necesariamente pasaba por el ejercicio de deconstrucción que había hecho especialmente Angela Davis, pero también de reconstrucción, Mercedes Jabardo subraya la obra de Patricia Hill Collins. En primer lugar, por sus aportaciones al campo de la epistemología en lo que ella plantea como la tercera vía, la forma de conectar conocimiento, conciencia y políticas de empoderamiento. En segundo lugar, por sus aportaciones no solo al feminismo negro, sino al feminismo en general, sistematizadas en su libro *Pensamiento feminista negro: conocimiento, consciencia y políticas de empoderamiento* (1990) y convertido ya en un clásico. Entre sus aportaciones destaca cómo Hill Collins relaciona la interseccionalidad con el poder en la expresión «matriz de dominación», que define como «la organización total de poder en una sociedad». Según Collins, el poder, en toda sociedad, aparece en cuatro niveles: estructural, disciplinario, hegemónico e interpersonal, y esto determina dónde se sitúa cada persona y cómo experimenta la opresión.[67]

Collins adopta la «teoría del punto de vista» para caracterizar las bases del pensamiento feminista negro, enfatizando la perspectiva de las mujeres negras sobre su propia opresión. Para resolver la tensión que esta teoría plantea entre los cambios colectivos y las experiencias individuales, Collins, al mis-

---

67. Patricia Hill Collins, *Black Feminist Thought: Knowledge, Consciousness and the Politics of Empowerment*, Nueva York, Routledge, 2000, p. 299 en Mercedes Jabardo, *op. cit.*, pp. 35-36.

mo tiempo que niega la posibilidad de un punto de vista homogéneo, plantea la conformación de un punto de vista colectivo. También subraya Jabardo cómo muestra Collins la articulación entre conocimiento y empoderamiento identificando tres espacios sociales determinantes: el de las relaciones de las mujeres negras entre sí, la tradición de las cantantes de blues y las teóricas afroamericanas. El primero hace referencia al día a día de las mujeres negras, pero los dos últimos son los que han dado voz históricamente a las mujeres que no la tenían. La autoidentificación es el primer paso para el empoderamiento, señala Collins. Si un grupo no se define a sí mismo, entonces será definido por y en beneficios de otros.[68]

El feminismo negro estadounidense abrió la puerta a otros feminismos. En Europa, el feminismo negro británico tomó el relevo y, tras él, el resto de los países del continente. Singular fue la aportación de Audre Lorde al inicio del afromovimiento alemán, durante sus años de estancia Berlín. De hecho, el término «afro-alemán» fue creado por Lorde y otras alemanas negras como un gesto hacia el movimiento afroamericano.[69] Si un elemento importante en el desarrollo del feminismo negro fue la diáspora africana, la dispersión de la población negra hacia otros continentes producto de los procesos coloniales, el esclavismo y los movimientos migratorios, el desarrollo del feminismo negro en Europa se realizó incorporando el poscolonialismo, las migraciones y los desplazamientos.

«Como mujeres africanas, ¿quién nos hará caso hasta

68. *Ibid.*, p. 37.
69. El documental «Audre Lorde: Los años de Berlín 1984-1992» dirigido por Dagmar Schultz, recoge esta experiencia.

que no tengamos el Premio Nobel?», son las palabras de la escritora Tsitsi Dangaremba en 2010, cuando el galardón solo lo había recibido la keniata Wangari Matari, premio Nobel de la Paz en el año 2004. No sabemos si como respuesta a Dangaremba, al año siguiente lo compartirían las liberianas Ellen Johnson Sirleaf y Leymah Roberta Ghowe. Sirva la anécdota que recoge Remei Sipi en su libro *Mujeres africanas. Más allá del tópico de la jovialidad* para expresar las dificultades que aún existen para poner en valor la voz y el trabajo de las mujeres africanas. Sipi señala que la historia y la evolución de los movimientos sociales en África están estrechamente ligadas a la trayectoria del continente: el África precolonial, la época de la esclavitud, la época colonial, la poscolonial y la actual; la del feminismo, también.[70]

Los movimientos de mujeres en África no son un fenómeno nuevo, los ha habido siempre y es una manera habitual de relacionarse en la comunidad, apunta Sipi, y añade que hasta los años ochenta fueron especialmente activos en su participación en los movimientos de resistencia anticolonial y también en la lucha por las independencias. Alrededor de las conferencias de Naciones Unidas, especialmente la de 1985, celebrada en Nairobi, y la de 1995, la Conferencia Mundial sobre la Mujer celebrada en Beijing, los movimientos de mujeres cobraron auge en algunos países africanos como Ghana o Kenia, como el movimiento de asociaciones de mujeres de Nigeria (COWAN), fundado en 1982, cuyos miembros eran mujeres de la zona rural del país que crearon

---

70. Remei Sipi, *Mujeres africanas. Más allá del tópico de la jovialidad*, Barcelona, Wanafrica, 2018, pp. 16-25.

su propio sistema económico al comprobar que las mujeres eran las menos beneficiadas por los créditos oficiales. Veinticuatro mujeres constituyeron el movimiento con un fondo de 45 dólares. En la actualidad, la asociación cuenta con un fondo de 10 millones de dólares y 30.000 asociadas.

En un rápido recorrido por el feminismo africano, Sipi parte de 1979, cuando Alice Walker acuña el término *womanism* («mujerismo») en su cuento «Coming Apart», término utilizado por feministas afroamericanas al cual se unirán algunas africanas. El mujerismo se identifica con los ideales del feminismo, pero colocando su origen en los valores de la cultura negra que priorizan la comunidad, la familia y la maternidad. Cuestiona que en los patrones tradicionales se otorguen más privilegios a los varones y critica la explotación y la carga excesiva de trabajo que padecen las mujeres africanas. Defiende el lesbianismo como un medio de unión entre las mujeres.

En 1985, es la crítica literaria nigeriana Chikwenye Okonjo Ogunyemi quien acuña *African and Africa Womanism* o «mujerismo africano» en un intento de desmarcarse tanto del mujerismo de Alice Walker (en cuanto que rechaza el lesbianismo) como del feminismo blanco. Pone las prioridades en la lucha contra la limpieza interétnica, contra el capitalismo global y contra los fundamentalismos religiosos. El concepto *stiwanism* o «stiwanismo» aparece gracias a la nigeriana Molara Ogundipe Leslie, quien pone especial énfasis sobre la situación de las mujeres en relación con su independencia económica. El término surge del acrónimo de Social Transformation Including Women (Transformación Social que Incluya a las Mujeres).[71]

71. *Ibid.*, pp. 55-57.

Siguiendo a Sipi, otra propuesta del feminismo africano es el *motherism*, acuñado por la nigeriana Catherine Obianuju Acholonu, que pone un acento especial en la cooperación entre mujeres. El concepto *motherism* está basado en la maternidad como matriz de toda existencia. El «negofeminism» es el feminismo de la negociación, un término propuesto por Obioma Nnaemeka, quien señala que, teniendo en cuenta la sociedad patriarcal africana, es importante iniciar una negociación para llegar a una independencia. Y, por último, Filomina Chioma Steady, en su libro *The Black Woman Cross-Culturally* (1981), habla de «feminismo africano», que entiende como un conjunto de especificidades frente al resto, como la autonomía y cooperación femenina. Chioma destaca la naturaleza por encima de la cultura y rechaza la imagen de la mujer africana como un ser apolítico y pasivo. Al contrario, considera que, en la práctica, las mujeres africanas son feministas, ya que argumenta que el feminismo es una estrategia que las mujeres africanas han desarrollado y adaptado consistentemente para su supervivencia en su propia experiencia de opresión basada en la raza, la clase y el género.[72]

El género ha muerto

El género ha muerto de éxito, por exceso. Podemos asegurar que buena parte del debate de los últimos años ha girado en torno a él. Lo que nació sin más pretensiones que

---

72. *Ibid.*, pp. 58-62.

una categoría de análisis, se ha estudiado, diseccionado, utilizado, manoseado, malinterpretado... tanto, que se ha convertido en un concepto sin significante, porque cada cual lo usa a su criterio, es decir, nunca sabemos qué significa cuando alguien se refiere a él y, además, parece que sirve de apellido para todo: perspectiva de género, violencia de género, identidad de género, estudios de género, teoría de género, hasta «ideología de género», que dicen los grupos ultraconservadores. Su historia ha sido realmente corta, apenas llega a un siglo, pero pocas veces un concepto ha dado para tanto.

Por si hay quien piensa que «el género ha muerto de éxito» es una reflexión exagerada, me atrevo a correr el riesgo de resultar aburrida reproduciendo la lista recopilada por Mary Hawkesworth (que a pesar de su tamaño es incompleta, puesto que prácticamente solo reseña autoras estadounidenses), en la que explica para qué ha sido utilizado el género: para analizar la organización social de hombres y mujeres (Rubin, 1975; Barret, 1980; Mackinnon, 1987); para investigar la reificación de las diferencias humanas (Vetterling, Braggin, 1982; Hawkesworth, 1990); para conceptuar la semiótica del cuerpo, el sexo y la sexualidad (De Lauretis, 1984; Suleiman, 1985; Doane, 1987; Silverman, 1988); para explicar la distribución de cargas y beneficios en la sociedad (Walby, 1986; Connell 1987; Boneparth y Stoper, 1988); para ilustrar las microtécnicas del poder (De Lauretis, 1987; Sawicki, 1991); para iluminar la estructura de la psique (Chodorow, 1978); y para explicar la identidad y la aspiración individuales (Epperson, 1988; Butler, 1990) [...] El género se ha analizado como un atributo de los individuos

(Bem, 1974, 1983); como una relación interpersonal (Spelman, 1988) y como un modo de organización social (Firestone, 1970; Eisenstein, 1979). El género ha sido definido en términos de estatus social (Lopata y Thorne, 1978), papeles sexuales (Amundsen, 1971; Epstein, 1971; Janeway, 1971) y estereotipos sexuales (Friedan, 1963; Anderson, 1983). Ha sido concebido como una estructura de la conciencia (Rowbotham, 1973), como una psique triangulada (Chodorow, 1978), como una ideología internalizada (Barrett, 1980; Crant, 1993). Ha sido discutido como producto de la atribución (Kessler y McKenna, 1978), de la socialización (Ruddick, 1980; Cilligan, 1982). De prácticas disciplinarias (Butler, 1990; Singer, 1993) y posturas tradicionales (Devor, 1989). El género ha sido descrito como un efecto del lenguaje (Daly, 1978; Spender, 1980); una cuestión de conformismo conductual (Amundsen, 1971; Epstein, 1971). Una característica estructural del trabajo, el poder y la catexis (Connell, 1987). Un modo de percepción (Kessler y McKenna, 1978; Bem, 1993). El género ha sido descrito en términos de una oposición binaria, de continuos variables y variantes, y en términos de capas de la personalidad. Ha sido caracterizado como diferencia (Irigaray, 1985) y como relaciones de poder manifestadas como dominación y subordinación (MacKinnon, 1987; Cordon, 1988). Ha sido construido en el modo pasivo de la serialidad (Young, 1994) y en el modo activo, como un proceso que crea interdependencia (Lévi-Strauss; 1969, 1971; Smith, 1992) o como un instrumento de segregación y exclusión (Dávis, 1981; Collins, 1990). El género ha sido denunciado como una cárcel (Cornell y Thurschwell, 1986) y aceptado como esencialmente liberador (Irigaray, 1985; Smith, 1992). Ha sido identificado como un fenómeno universal (Lerner, 1986) y como una consecuencia históricamente específica de la sexualización cada vez mayor de las mujeres en la modernidad (Riley, 1988).[73]

Explica Rosa María Rodríguez Magda que cuando en la segunda mitad de los años cuarenta del pasado siglo Simone de Beauvoir trabaja en la redacción de *El segundo sexo* (1949), la noción de género no se ha acuñado todavía, aunque se comienza a percibir la influencia de la cultura en el comportamiento y la caracterización de los sexos. Algo que ya estaba apuntado en Mary Wollstonecraft —cuando insistía en que lo considerado «natural» en las mujeres es en realidad fruto de la represión y del aprendizaje social—, incluso en Poulain de la Barre cuando acuñó la idea de que «la mente no tiene sexo». En fechas más próximas a la publicación de *El segundo sexo*, en 1935, la antropóloga Margaret Mead, en su estudio *Sex and Temperament in Three Primitive Societies*, defendía la tesis de que las conductas sexuales podían ser diversas según el contexto sociocultural. En dicho libro, analiza a los arapesh, los mundugumor y los tchambuli de Nueva Guinea, y muestra cómo cada uno de los grupos actuaban según diferentes patrones de masculinidad y feminidad. Su tematización del «temperamento» frente al «sexo» preludia la idea de género. La frase de Simone de Beauvoir «no se nace mujer, se llega a serlo» incorpora también esta diferenciación. De Beauvoir parte del

73. Mary Hawkesworth, «Confundir el género», *Debate feminista*, México, Metis Productos culturales, año 10, vol. 20, octubre de 1999, pp. 3-48.

supuesto existencialista según el cual los seres humanos no poseen una esencia preestablecida, no son un ser en sí, pues se construyen en la existencia, lanzados al mundo; la condición humana responde a esta libertad de configurarse por medio de la acción (ser para sí). Estamos «condenados a la libertad» y a través de ella adquirimos nuestra dimensión moral, en interacción con el resto de las personas y descubriendo nuestras propias normas, pero, además, somos seres «situados»: cuanto nos rodea condiciona la posibilidad de realizarnos como proyecto.[74]

El análisis pormenorizado que De Beauvoir realiza en *El segundo sexo* de cómo la cultura determina el sexo avanza y desarrolla, aun sin nombrarlo, el concepto de «género». El acuñamiento del concepto llegará a través de la medicina y la psiquiatría, en el ámbito del tratamiento de los bebés intersexuales, por parte de John Money, del Hospital Johns Hopkins de Baltimore, en 1955, y de Robert Stoller, de la Gender Identity Research Clinic, en 1968. Money propone la expresión «rol de género» o «papel de género» para describir el conjunto de conductas atribuidas a las mujeres y a los varones. La aportación del libro, explica Teresa Aguilar, radica en la explicación de cómo se adquiere ese «papel de género» por mecanismos similares a los de la adquisición del lenguaje:

> Como la identidad genérica se diferencia antes de que el niño pueda hablar de ella, se suponía que era innata. Pero no

74. Rosa María Rodríguez Magda, *La mujer molesta. Feminismos postgénero y transidentidad sexual*, Ménades Editorial, libro electrónico, 2019, pp. 21-22.

es así. Usted nació con algo que estaba preparado para ser más tarde su identidad de género. El circuito impreso ya estaba, pero la programación no estaba establecida, como en el caso del lenguaje. Su identidad de género no podía diferenciarse ni llegar a ser masculina o femenina sin estímulo social.[75]

Por su parte, Robert J. Stoller, en 1968, conceptualizó género en el siguiente sentido:

Los diccionarios subrayan principalmente la connotación biológica de la palabra sexo, manifestada por expresiones tales como relaciones sexuales o el sexo masculino. De acuerdo con este sentido, el vocablo sexo se referirá en esta obra al sexo masculino o femenino y a los componentes biológicos que distinguen al macho de la hembra; el adjetivo sexual se relacionará, pues, con la anatomía y la fisiología. Ahora bien, esta definición no abarca ciertos aspectos esenciales de la conducta —a saber, los afectos, los pensamientos y las fantasías—, que, aun hallándose ligadas al sexo, no dependen de factores biológicos. Utilizaremos el término género para designar algunos de tales fenómenos psicológicos: así como cabe hablar del sexo masculino o femenino, también se puede aludir a la masculinidad y la feminidad sin hacer referencia alguna a la anatomía o a la fisiología. Así pues, si bien el sexo y el género se encuentran vinculados entre sí de modo inextricable en la mente popular, este estudio se propone, entre otros fines, confirmar que no existe una depen-

75. John Money y Patricia Tucker, *Asignaturas sexuales*, Barcelona, ATE, 1987, p. 88, en Teresa Aguilar, «El sistema sexo-género en los movimientos feministas», *Amnis* [en línea], 8 | 2008, publicado el 1 de septiembre de 2008, consultado el 12 junio de 2019. URL : http://journals.openedition.org/amnis/537; DOI: 10.4000/amnis.537

dencia biunívoca e ineluctable entre ambas dimensiones (el sexo y el género) y que, por el contrario, su desarrollo puede tomar vías independientes.[76]

El pensamiento feminista asumió la aparición «científica» y terminológica de la diferenciación sexo/género, pues, más allá de la biología como destino, posibilitaba seguir indagando sobre la influencia de la cultura y la educación en la identidad sexuada adjudicada a las mujeres y apuntar caminos de emancipación de esa falacia naturalista. Kate Millett, en su obra *Política sexual* (1969), asumirá las definiciones de Stoller de sexo como «los componentes biológicos que distinguen al macho de la hembra», y de género como aspectos esenciales de la conducta: afectos, pensamientos, fantasías..., «que, aun hallándose ligados al sexo, no dependen de factores biológicos».[77] Así, asegura Millett:

En virtud de las condiciones sociales a que nos hallamos sometidos, lo masculino y lo femenino constituyen, a ciencia cierta, dos culturas y dos tipos de vivencias radicalmente distintos. El desarrollo de la identidad genérica depende, en el transcurso de la infancia, de la suma de todo aquello que los padres, los compañeros y la cultura en general consideran propio de cada género en lo concerniente al temperamento, al carácter, a los intereses, a la posición, a los méritos, a los gestos y a las expresiones. Cada momento de la vida del niño implica una serie de pautas acerca de cómo tiene que pensar o comportarse para satisfacer las exigencias inherentes al género. Duran-

76. Robert J. Stoller, *Sex and Gender*, Nueva York, Science House, 1968, pp. VIII y IX del prefacio, citado por Kate Millet, *Política sexual*, México DF, Aguilar, 1975, p. 77.
77. *Ibid*., p. 39.

te la adolescencia, se recrudecen los requerimientos de conformismo, desencadenando una crisis que suele templarse y aplacarse en la edad adulta.[78]

Acepta también con Money que el género se establece con la adquisición del lenguaje y que se fija en torno a los dieciocho meses de edad. De acuerdo con todo ello, Millett concluye: «El vocablo género no tiene un significado biológico, sino psicológico y cultural».[79] Y, en consecuencia, el desarrollo de la identidad de género depende, en el transcurso de la infancia, de la suma de todo aquello que madres y padres, familias, amistades y la cultura en general consideran propio de cada género, en cuanto al temperamento, al carácter, a los intereses, al estatus, a los méritos, a los gestos y a las expresiones.[80] Sirviéndose de esta terminología, Millet transciende el mero ámbito médico-psicológico para, en la estela de Simone de Beauvoir, desarrollar su concepción de política sexual: «El sexo es una categoría social impregnada de política».

Otro texto clave en la configuración del concepto de género es el artículo de la antropóloga Gayle Rubin «El tráfico en las mujeres: Notas sobre la economía política del sexo» («*The Traffic in Women: Notes on the «Political Economy» of Sex*») (1975). En él acuña la expresión «sistema sexo-género» como «un conjunto de disposiciones por el cual la materia prima biológica del sexo y la procreación humana es conformada por la intervención humana y social,

78. Kate Millet, *op. cit.*, p. 80.
79. Kate Millet, *op. cit.*, p. 40.
80. *Ibid.*, p. 41.

y satisfecha en una forma convencional». La noción sistema sexo/género le parece a la autora más adecuada que «modo de reproducción» o «patriarcado» para mostrar la identidad y la estratificación de los géneros, «la organización social de la sexualidad y la reproducción de las convenciones de sexo y género». El fin último del sistema sexo-género, tras conocer sus trampas y mecanismos, es poder liberarnos del género, es decir, la eliminación del sistema social que produce el sexismo y el género. Este es el deseo con el que concluye su texto: «El sueño que me parece más atractivo es el de una sociedad andrógina y sin género (aunque no sin sexo) en que la anatomía sexual no tenga ninguna importancia para lo que una es, lo que hace, y con quién hace el amor». Aun cuando en la actualidad Gayle Rubin ha decidido abandonar la denominación sistema sexo-género para desligar el análisis del género de la sexualidad, esta ha tenido una gran repercusión en la teoría feminista.[81]

Es más, el texto es señalado por buena parte de las teóricas como el pistoletazo de salida para los análisis del género. Por primera vez se habla del sistema sexo-género como sistema político de producción y fabricación de la heterosexualidad. Para Rubin, dicho sistema es una tecnología social, el conjunto de disposiciones que utiliza la sociedad para naturalizar la división de los sexos. Unos años después, en la Conferencia Feminista celebrada en Nueva York en 1982, Rubin presenta como intervención el artículo titulado «Reflexionando sobre el sexo: notas para una teoría radical de la sexualidad». En este, Rubin afirma la necesi-

---

81. Rosa María Rodríguez Magda, *op. cit.*, pp. 26-28.

dad urgente de dar un giro a los análisis sobre la sexualidad y denuncia todos los discursos (no solo médicos y psiquiátricos, sino también feministas) que han contribuido a «normalizar» la sexualidad estableciendo las prácticas legítimas en contraposición a las sexualidades periféricas, ilegítimas o patologizadas.[82]

Señala Rosa María Rodríguez Magda que así fue como, dentro de la teoría feminista, el surgimiento de la noción de género vino a otorgar nombre a una constatación cada vez más presente: feminidad y masculinidad no obedecen a una mera determinación biológica, sino construida histórica y culturalmente. Una concepción superadora del determinismo biologicista que, a lo largo de los siglos, ha pretendido legitimar en la naturaleza toda una serie de normativas morales, religiosas y sociales. Un fenómeno mucho más complejo que no puede explicarse simplemente, como se pretendió desde el marxismo y el psicoanálisis, por causas económicas o psicológicas.[83] «El término inglés *gender* parecía adecuado para crear un nuevo campo semántico que prometía un acercamiento sistémico a la cuestión. Sin embargo, esa misma potencialidad teórica produjo suspicacias desde el principio, pues al ser más difusa y académica, ocultaba el feminismo y la propia definición de mujer, algo que se ha ido acentuando con el paso del tiempo.»[84]

Que el término «género» fuese copando el espacio feminista era un aspecto sobre el que muchas teóricas iban alertando, especialmente en Europa y sobre todo desde el ám-

82. Carolina Meloni, *op. cit.*, pp. 74-75.
83. Rosa María Rodríguez Magda, *op. cit.*, p. 28.
84. *Ibid.*, pp. 28-29.

bito del feminismo de la diferencia, pero lo que realmente desencadenó la tormenta fue la publicación de Judith Butler *El género en disputa*. Desde el mismo título, la autora no esconde la intención de cuestionar lo que hasta ese momento se entendía por género. Butler reitera a lo largo del libro que, si bien normalmente se ha entendido que el género es una construcción cultural mientras que el sexo es lo biológico dado «de forma natural», lo cierto es que tanto uno como el otro forman parte de construcciones discursivas y performativas que los caracterizan y significan en el mundo y afirma que todo lo que rodea al género se hace en un espacio, tiempo y colectividad determinados.

Por resumir, y siguiendo a Rosa María Rodríguez Magda, la relación entre el género y las tres grandes familias del feminismo se podría esquematizar en que el feminismo de la igualdad es un feminismo posgénero en el sentido de que pretende liberarse de él, superarlo; el feminismo de la diferencia lo rechaza, puesto que el concepto pivote que utiliza es el de la diferencia sexual; pretendería, por tanto, reencontrarse por debajo del género y el posfeminismo, feminismo queer y transfeminismo; quiere fluir entre los géneros que pueden ser casi tantos como personas. La cuestión es —sentencia la filósofa— que ha habido un deslizamiento semántico. En una primera fase, donde antes se empleaba «mujer» o «feminismo», se comienza a emplear «género» como forma académica de referirse a ello. En una segunda fase, el género es consciente de que debe incluir la diversidad sexual y escapar del modelo binario. Lo que en un primer momento significó desigualdad, ejercicio de poder de un sexo sobre otro y discriminación hacia las mujeres ha perdido ese talante crítico político para pasar a significar aceptación de la diversidad, lo cual acentúa la elección libre del deseo frente a una estructura de poder. De la misma manera, «perspectiva de género» comenzó siendo sinónimo de «perspectiva feminista», de todas aquellas acciones que pugnaban por superar la invisibilidad de las mujeres y restañar la injusticia de su relegación en los saberes, en el ámbito laboral, en las medidas administrativas..., y en la actualidad significa «inclusión de la diversidad sexual».[85]

Siguiendo esta reflexión de Rosa María Rodríguez Magda, las mujeres quedan reducidas a ser una más de las variantes de la diversidad sexual al privilegiarse el género frente al sexo. «El movimiento LGTBIQ tiene un grupo real hegemónico, que es el gay; un colectivo minimizado, el de las lesbianas; otro invisible, el de las personas bisexuales; uno ambiguo, el de las intersexuales; y dos acepciones, aunque minoritarias, simbólicamente vanguardistas: trans y queer. Si dentro de las siglas no hay una M de mujeres, está claro que nuestras reivindicaciones como mujeres deben, aun cuando se coincida en algunos puntos, gestionarse con una estrategia propia, y no ser incluidas como una más de la diversidad sexual.»[86]

Rodríguez Magda pone el acento, con esta reflexión, en lo que en realidad está «en disputa», el sujeto político del feminismo. Un debate amplificado por la última de las corrientes del posfeminismo, el transfeminismo, que se define precisamente por ampliar el sujeto del feminismo incluyen-

85. *Ibid*., pp. 40-48.
86. *Ibid.*, p. 49.

do en él a todas las personas fuera de la normativa *hetero-patriarcal*.

Asegura Fátima Arranz que es obvio que detrás de todo conflicto teórico se esconde un conflicto político y es innegable que el desarrollo teórico del feminismo de los últimos años es conflictivo, incluso contradictorio y excluyente en ocasiones. Hemos vivido una excesiva y belicosa producción teórica que contrasta con la falta de solución de algunos problemas clave en la vida cotidiana de las mujeres. Es más, el «exceso del género» ha traído como consecuencia que desaparezcan las mujeres. Por un lado, se intenta deconstruir al sujeto unitario y homogéneo que ha protagonizado las luchas feministas a lo largo de la historia y, por otro, simultáneamente, se define un sujeto con una identidad abierta (Butler), o como un devenir mujeres (Braidotti), como un sujeto excéntrico (Lauretis) o se habla de sujetos poscoloniales (Spivak) o *cyborg* (Haraway).[87] Pero, como se preguntaba Laura Downs, «si "mujer" es una categoría vacía, entonces, ¿por qué tengo miedo cuando paseo sola por la noche?».[88]

87. Fátima Arranz, en el prólogo de Carolina Meloni, *Las fronteras del feminismo. Teorías nómadas, mestizas y postmodernas*, Madrid, Editorial Fundamentos, 2012, p. 11.

88. Laura Downs, «If woman is just an empty category, then why am I afraid to walk alone at night? Identity politics meets the postmoderns subject», Comparative Studies in Society and History, 1993, 35, pp. 414-437.

Feminismo puente

Tras este corto pero intenso viaje por el feminismo de finales del siglo XX, resulta inspirador el término de Rosa María Rodríguez Magda de «feminismo posgénero» como una fórmula de superar el conflicto y, sobre todo, de resolver la gran paradoja del siglo XXI —mientras el feminismo se fortalecía teóricamente, el patriarcado se ha envalentonado—: «hora es ya de alumbrar un nuevo feminismo posgénero capaz de prescindir de sus dictados» o como decía Mohanty en «De vuelta a "Bajo los ojos de Occidente"», «el enemigo ha cambiado» y, por tanto, frente a todas las discrepancias, es necesaria la solidaridad y el activismo feminista internacional.

Señala Luisa Posada que nuestro presente está marcado por el pensamiento posmoderno que ha impuesto la sospecha de toda identidad y ha afirmado la posibilidad de desestabilizarlas, incluidas las identidades de género, masculina y femenina. Pero, a pesar del esfuerzo posmoderno de romper con todo esencialismo identitario, la gran paradoja es que «lo femenino» se siga imponiendo con tanta fuerza en su imagen clásica, es decir, la construida por los varones. Para resolver la contradicción, Posada propone no solo deconstruir lo heredado, sino también hacer un esfuerzo por construir personas emancipadas, y cita a Nancy Fraser cuando explica que la estrategia privilegiada del feminismo no debería ser la deconstructiva, sino la de proponer un proyecto de emancipación que no es ni más ni menos que el fin de la dominación entre los sexos como parte indispensable del fin de toda dominación, y para ello es imprescindible el reconocimiento de nuestra interdependencia a partir de nuestra común vulnerabilidad, como señala Judith Butler.[89]

«Desdibujar las fronteras sin quemar los puentes», propone Rosi Braidotti. No se me ocurre idea más poderosa que esa, la construcción de un «feminismo puente», un feminismo que abra caminos e invite a pasar de un lugar inhóspito a otro que realmente queramos habitar, un lugar en el que sea posible respirar.

89. Luisa Posada, *¿Quién hay en el espejo? Lo femenino en la filosofía contemporánea*, Madrid, Cátedra, 2019, pp. 13-15.

3

LA CUARTA OLA

> Lo que nuestras madres plantaron, nosotras lo cosechamos. Plantaron libertades sueños, desmanes, quejas, lo nuevo, lo por venir... Les dijeron que no crecería, pero plantaron. Las llamaron locas, pero plantaron. Y como lo plantado tenía fuerte raíz (por lo que también las llamaron radicales), todo llegó a nosotras. La cosecha de nuestras madres.
>
> HORAS Y HORAS

En el año 2000, bell hooks escribía:

> La política feminista está perdiendo fuerza porque el movimiento feminista ha perdido definiciones claras. Tenemos esas definiciones. Reivindiquémoslas. Compartámoslas. Volvamos a empezar. Hagamos camisetas y pegatinas, postales y música hip-hop, anuncios para la televisión y la radio, carteles y publicidad en todas partes, y cualquier tipo de mate-

rial impreso que hable al mundo sobre feminismo. Podemos compartir el mensaje sencillo pero potente de que el feminismo es un movimiento para acabar con la opresión sexista. Empecemos por ahí. Dejemos que el movimiento vuelva a empezar.

Y añadía: «necesitamos desesperadamente un movimiento feminista masivo radical, construido a partir de la fuerza del pasado».[1]

Lo necesitábamos desesperadamente, en efecto, y lo hicimos. El feminismo termina el siglo XX inmerso en el debate interno, en ese debate feminismo-posfeminismo que surge a mediados de los años ochenta y dura varias décadas, pero consigue salir de él con una potencia que asombra al mundo. Lo primero que hace el feminismo tras tantos años de autocrítica, es ponerse en valor. En 1996, Zillah Eisenstein escribía en *Hatreds: Racialized and Sexualized Conflicts in the 21st Century*:

> El feminismo, o los feminismos, como movimiento transnacional —entendido como rechazo de las falsas fronteras de género o raza y las falsas construcciones del «otro»— es un importante desafío al nacionalismo masculinista, a las distorsiones del comunismo de Estado y a la globalización de «libre» mercado. Es un feminismo que reconoce la diversidad, la libertad y la igualdad, que se define a través y más allá del diálogo entre el Norte/Occidente y el Sur/Oriente».[2]

1. bell hooks, *El feminismo es para todo el mundo*, Madrid, Traficantes de Sueños, 2017, pp. 26-27.
2. *Ibid.*, p. 70.

Y bell hooks lo subraya:

> Las participantes del movimiento feminista afrontaron la crítica y los desafíos sin perder su compromiso más sincero con la justicia o la liberación, y este hecho demuestra la fortaleza y el poder del movimiento. Esto nos muestra que, a pesar de haber estado profundamente equivocadas, en muchas feministas fue más fuerte la voluntad de cambiar, la voluntad de crear un espacio que hiciera posible la lucha y la liberación, que la necesidad de aferrarse a creencias y suposiciones erróneas.[3]

El feminismo de las plazas

Con todo ese bagaje, el feminismo llega al siglo XXI, cuando comienzan a sucederse una serie de rotundas manifestaciones en los distintos continentes fruto de la crisis financiera de 2008 que rápidamente se convirtió en crisis económica y política con las medidas de recortes y austeridad que aplicaron los distintos gobiernos. A partir de 2010, las calles, las plazas, comenzaron a llenarse y las mujeres estaban allí, las feministas estaban allí. No fue —como muchas veces destacados politólogos han analizado— que el 15M en España, o el Occupy Wall Street en Nueva York despertaran al feminismo o, aún más, hiciesen nacer un «nuevo feminismo» —como algunos se han atrevido a decir—, ocurrió todo lo contrario. El feminismo estaba en el corazón de todas las protestas, capacitado y dispuesto a luchar, como

3. *Ibid.*, p. 84.

siempre había hecho, pero esta vez éramos muchas más y, como había anunciado bell hooks, estábamos preparadas.

La década comenzó con las protestas en Grecia. El 5 de mayo de 2010, una huelga general seguida de numerosas y multitudinarias manifestaciones dio el pistoletazo de salida frente a las políticas de austeridad. Las feministas estaban allí. Tres años después de las primeras revueltas, ya habían creado Casas de Mujeres Autogestionadas. La primera, la de Tesalónica; la siguiente, en Atenas. La consigna: «¡Ninguna sola durante la crisis!». La firme determinación de las mujeres griegas fue la de ayudarse en casos de violencia de género, frente a las disparadas deudas o frente a la dictadura de la austeridad. Juntas, presionaron a las compañías eléctricas para que les devolvieran la luz... En realidad, se implicaron en todos los combates prestando especial atención a la inmigración, a las miles de personas, inmigrantes, o refugiadas que entraron en Europa por mar a través de Grecia.

Ese mismo año se desencadenaba la Primavera Árabe. Las revueltas comenzaron en diciembre, cuando la policía dejó a Mohamed Bouazizi, un vendedor ambulante tunecino, sin mercancías. Bouazizi se inmoló como protesta. Durante su agonía, la población tunecina salió a las calles para enfrentarse a las malas condiciones de vida causando un efecto dominó en el resto de las naciones árabes. Mohamed Bouazizi falleció el 4 de enero de 2011. Diez días después, el presidente Ben Ali dimitió. El ejemplo de Túnez fue imitado en el resto del mundo árabe, en Egipto, en Libia, en Siria, en Yemen, en Argelia, incluso en Jordania, Omán y Baréin. La plaza Tahrir de El Cairo fue el lugar simbólico de las revueltas. Las feministas estaban allí. El patriarcado, también. Fueron numerosas las violaciones a mujeres en la misma plaza con la complicidad de los concentrados, que no hicieron nada para impedirlo. A las jóvenes que eran detenidas se les hacía la prueba de virginidad, acusadas de putas. A finales de año tuvo lugar el incidente de «la chica del sujetador azul». Agentes de seguridad la golpean, la desnudan y arrastran en Tahrir mostrando su sujetador azul. Pero... las feministas estaban allí. Tres días después, multitudinarias manifestaciones de mujeres se celebraban en todo el país como muestra de rechazo al Consejo Supremo de las Fuerzas Armadas Egipcias.[4]

Al año siguiente, en 2011, tienen lugar enormes movilizaciones estudiantiles en América Latina, especialmente en Chile, donde jóvenes de secundaria y estudiantes de universidad protagonizan las movilizaciones más importantes en el país desde el retorno de la democracia. También en México las y los estudiantes salen a las calles organizados en el Movimiento #Yosoy123, reclamando, especialmente, libertad de expresión. El movimiento se autoproclamó en sus inicios como la Primavera Mexicana. De igual manera, Colombia vivió su movilización estudiantil en 2011, en la que participaron también docentes y personal de las universidades, y se extendió prácticamente por todo el país. Las feministas estaban allí, en Chile, en México, en Colombia, algunas actuando como portavoces, todas muy jóvenes.

Ese mismo año, el 15M acampaba en la madrileña Puerta del Sol y la indignación se extendía por toda España.

4. Victoria Sendón de León, «Devenir nómade. Movimientos sociales y feminismo», en Rosa María Rodríguez Magda (ed.), *op. cit.*, p. 84.

Pocos meses después, el 17 de septiembre, unas mil personas acudían a la llamada para ocupar Wall Street bajo la idea de «rebelarse contra el sistema de tiranía económica de forma no violenta».

El 15M nació espontánea y sinceramente de la indignación de un país frente a la crisis económica y un sistema que solo ofrecía recortes y austeridad para resolverla. Las feministas estaban allí. Sufrieron, como las compañeras de la plaza de Tahrir, agresiones sexuales, que aparentemente no resultaron contradictorias para quienes querían cambiar el mundo. La tensión entre las feministas, presentes, y el patriarcado, también muy presente, se hizo evidente el 20 de mayo, cuando comenzó a desplegarse una gran sábana sobre una de las fachadas de la plaza en la que podía leerse «La revolución será feminista o no será» mientras buena parte de las personas que estaban en ese momento en la Puerta del Sol abucheaban. Sin miramientos, alguien se subió al andamio para arrancarla y lo hizo, mientras la plaza aplaudía. Vuelta al siglo XVIII; aquellos jóvenes revolucionarios, tal como hicieron los franceses ilustrados, pretendían hacer una revolución contra los privilegios de las clases acomodadas sin renunciar a uno solo de sus privilegios como hombres. El enemigo era el capitalismo; el patriarcado, ni tocarlo. Pero... las feministas estaban allí. La escritora Belén Gopegui lo relató en un artículo para que la historia no lo borre, como tantas otras luchas.

La historia se va sabiendo, es pequeña y es significativa pero mucho más por su final que por su desencadenante. Alguien arrancó el jueves de cuajo una pancarta que decía «La revolución será feminista o no será». Es la única pancarta que se ha arrancado y el problema mayor fue que mientras el individuo se golpeaba el pecho a lo King Kong, un grupo grande de gente le aplaudió y abucheó a las mujeres. Cuando bajaron del andamio había debajo un grupo que insultó a quienes habían subido la pancarta.

La historia importa porque revela que Sol no es magia ni una ilusión pasajera sino un lugar hecho con nuestras vidas patriarcales y capitalistas que quieren vivir. La historia importa porque la reacción de la carpa feminista fue convocar un taller de feminismo para principiantes a donde asistieron muchas personas. Y allí se preguntó a quienes asistíamos qué entendíamos por feminismo. Y se dijo que era comprensible, lo cual no quiere decir justificable, que haya reacciones de miedo y prepotencia por parte de quienes han interiorizado sus privilegios machistas como si fueran naturales y ven que se ponen en cuestión. Fue un momento, uno más, de inteligencia colectiva en marcha.

Alguien contó cómo el feminismo no se oponía a ninguna libertad sino a la explotación y no de «la mujer» sino de las mujeres, de cada una de las mujeres. [...] El taller continuó con intervenciones preciosas, mientras una mujer hablaba, otra mujer explicaba a veces con su cuerpo lo que la primera decía, cómo se ocupa el espacio público por un género y por otro, cómo nos sentamos en el metro, y había risa y cercanía entre todos los hombres y las mujeres que estaban en el taller. Una mujer mayor —de nuevo recordamos que Sol es intergeneracional aunque el impulso más grande y vital proceda de los hombres y mujeres jóvenes, son hombres y mujeres que argumentan, que escuchan, que acogen la experiencia de quien quiere darla— contó la historia del feminismo en cuatro trazos maestros, habló de Olympe de Gouges, quien escribió la Declaración de los Derechos de la Mujer y de la Ciudadana en la Revolución francesa y entonces no fue comprendida. Ahora sabemos que esto no va a pasar, porque la historia no ocurre en vano, y porque Sol será feminista como será anticolonialista, como estará con las libertades de todos los oprimidos y las oprimidas, y no nos importará gastar a veces adjetivos —que no se acaban— para ayudar a la gramática a mostrar el rostro no de un oprimido abstracto sino de hombres y mujeres que no pueden despertar porque alguien se lo impide, y costará encontrar el camino, y habrá retrocesos y disensiones. [...] El taller continuó, se llegó a la teoría queer, la identidad sexual es el resultado de una construcción y seremos libres para construirla del modo mejor para cada persona con la única salvedad de que esa identidad no se apoye en explotar a otras ni a otros. Tuve que salir antes de que el taller acabase y me quedé pensando que Sol es también un movimiento queer, porque ha recogido aquello que se le arrojaba como insulto y lo ha transformado, convirtiéndolo en un gran comienzo.[5]

Cuando se levantó la acampada, quedó un cartel solitario en el famoso kilómetro cero de la Puerta del Sol de Madrid: «Nos trasladamos a las conciencias». Y así fue. Muchos grupos en España se organizaron para continuar la lucha en los barrios, las universidades o los pueblos. Surgieron al menos once «mareas» como respuestas sectoriales a las políticas neoliberales.[6] La más numerosa e imponente fue la marea blanca, que era considerada la hija mayor del 15M. Luchaba contra la privatización de la sanidad pública. La marea naranja, en defensa de los servicios sociales; la marea violeta, que luchaba contra los recortes en políticas de igualdad; la marea roja, contra el desempleo; la marea verde, a

    5. Belén Gopegui, «Será feminista. Un taller de feminismo para principiantes en la puerta del Sol», *Rebelión*, mayo de 2011.
    6. Victoria Sendón de León, *op. cit.*, p. 87.

favor de la educación pública. Mareas que anunciaban el tsunami. Las feministas estaban allí, en todas y cada una de ellas.

El movimiento Occupy Wall Street se consolidó en más de un millar de ciudades en Estados Unidos en las que se habían organizado acampadas o manifestaciones. Las ocupaciones más multitudinarias fueron las de Nueva York, Los Ángeles y Oakland. El movimiento se había fraguado en las redes sociales y su modelo de organización estaba inspirado en las experiencias de Egipto y España. Además, con Occupy Wall Street se teoriza el feminismo de las plazas. Las feministas Cinzia Arruzza, Tithi Bhatta-charya y Nancy Fraser escriben una vez acabadas las acampadas el *Manifiesto de un feminismo para el 99 %*. Un manifiesto que dedican «al Colectivo Combahee River, que imaginó el camino en etapas tempranas, y para las lu-chadoras feministas polacas y argentinas, que abren hoy otros nuevos», haciendo genealogía *sin personajes secun-darios*.

Feminismo del 99 % recoge su nombre de la consigna del movimiento Occupy Wall Street, se inspira en las huelgas feministas que a partir de 2017 se comienzan a organizar en medio mundo, cuestionan duramente al feminismo liberal y enfocan sus críticas al neoliberalismo, como la mayor par-te del feminismo de la cuarta ola. Para el 99 % es necesario hacer hincapié en problemas estructurales: feminización de la pobreza y precariedad de las mujeres, violencia de género, racismo... porque en realidad el 99 % es una llamada de atención a la colonización del neoliberalismo que ha conse-guido diseminar su filosofía por todos los rincones. Es el feminismo que toma como referencia la situación vital, las demandas, las necesidades de la inmensa mayoría de las mujeres. Ese es el punto de partida. Empieza en la vida de las mujeres que trabajan en hoteles, restaurantes o que no tienen trabajo, en mujeres migrantes... Desde la vida y las dificultades diarias, diagnostica dónde están las raíces del problema que apuntan a la reproducción social y la crisis entre lo productivo y lo reproductivo, a la sostenibilidad del propio sistema.[7]

El feminismo durante esta década está en las plazas y, al mismo tiempo, va desarrollando sus propias campañas y movilizaciones. Así, en 2011, en febrero, las italianas se movilizaban masivamente al grito de *«Se non ora quando?»*. Mujeres que luchaban por su reconocimiento y su dignidad y contra su cosificación como objetos de intercambio sexual. Las mujeres indias llevan ya años manifestándose y realizando campañas contra la violación, poniendo nombre a la violencia sexual, movilizándose por todo el país, pero el punto de inflexión ocurrió en diciembre de 2012, cuando se produjo la violación en grupo, en un autobús en marcha en Nueva Delhi, de una joven estudiante que moriría días después por las heridas sufridas, desencadenando una ola de manifestaciones de indignación que llevarían a endurecer las penas contra los violadores y a triplicar el número de denuncias por violación en la capital en los años siguientes.

En julio de 2014, el viceprimer ministro turco, Bülent Arinç, declaraba: «Una mujer debe ser decente. Debe cono-

---

7. Nancy Fraser, prólogo de *Un feminismo del 99 %*, Madrid, Lengua de Trapo, 2018.

cer la diferencia entre público y privado. No debe reírse en público». La reacción fue inmediata. Las declaraciones fueron la última gota de un sistema represor contra las mujeres hasta el esperpento. La campaña contra la violencia de género en Turquía, que ya llevaba tiempo desarrollándose, estalló tanto en las calles como en las redes sociales. Cientos de personas se manifestaron en el centro de Estambul y las redes se llenaron con el hashtag #direnkahkaha, «la risa de la resistencia», y #direnkadin, «mujeres que resisten».

«Desde Tijuana hasta Ushuaia, exigimos aborto legal ya» fue una de las consignas más coreadas el 28 de septiembre de 2018. Larga es la lucha en América Latina por los derechos sexuales y reproductivos y la interrupción voluntaria del embarazo. Fue en el V Encuentro Feminista Latinoamericano y del Caribe celebrado en 1990 en Argentina donde organizaciones feministas de diez países denominaron la fecha como el Día por la Despenalización del Aborto. Una campaña que se ha extendido por el resto del mundo pero que en los últimos años llena las calles de una región donde el 90 % de las mujeres viven en países que restringen la interrupción del embarazo. La lucha comenzó en las calles chilenas y se recrudeció en Argentina, donde rige una ley de 1921. En junio de 2018 el proyecto de ley de Interrupción Voluntaria del Embarazo se aprobó en la Cámara de Diputados, pero en agosto el Senado la rechazaba. Desde Tijuana hasta Ushuaia, los pañuelos verdes tiñen las calles y las redes sociales. En una región donde hay mujeres condenadas hasta a treinta años por abortar, las campañas exigen «educación sexual para decidir, anticonceptivos para no abortar. Aborto legal para no morir».

Una lucha que también se está llevando en Polonia desde 2016. Polonia contaba ya con una de las normativas de aborto más restrictivas del mundo, solo era posible abortar en los supuestos de violación o incesto, peligro para la vida de la madre a causa del embarazo o un diagnóstico de enfermedad grave o anomalías severas del feto. En 2016, el Gobierno ultraconservador del PiS (Derecho y Justicia) intentó sacar adelante una propuesta para prohibir completamente el aborto, pero las masivas protestas y manifestaciones en todo el país, así como una iniciativa popular que consiguió medio millón de firmas, hicieron que en el último momento se rectificase esa decisión, cuando ya se había admitido a trámite en el Parlamento. En 2018, el Gobierno de Morawiecki volvió a la carga pretendiendo eliminar el tercer supuesto, el referido a la malformación irreparable del feto, lo que ha llevado a muchas mujeres a volver a manifestarse en las llamadas Czarny Protest o protestas negras, manifestaciones en las que visten de negro exigiendo que no se limiten sus derechos. Con cada protesta negra, las calles de Varsovia y otras ciudades polacas se tiñen de negro intentando evitar una legislación que criminaliza a cientos de miles de mujeres cada año.

En junio de 2015, la otra gran lucha de las feministas en América Latina, la erradicación de los feminicidios, también se hacía visible en las movilizaciones convocadas en Argentina, donde las mujeres ocuparon ochenta ciudades bajo el lema «Ni una menos». En 2016, la lucha se intensificaba con la consigna «Vivas nos queremos» y en 2017 la movilización se extendía por Chile, Uruguay, Perú, México... bajo la idea «Basta de violencia machista y complicidad estatal».

El año 2017 había comenzado con la Women's March, convocada el 21 de enero de 2017, al día siguiente de la toma de posesión del presidente estadounidense Donald Trump, tras haber llegado a la presidencia con una campaña electoral plagada de insultos y vejaciones hacia las mujeres. La Women's March fue la movilización más multitudinaria en Estados Unidos desde la guerra de Vietnam. Se convocó en Washington, pero fue apoyada con 700 marchas hermanas en todo el mundo. Hoy se ha articulado alrededor de la Women's March Global y mueve una gran marea de reivindicaciones feministas. Y también ese año, en el mes de octubre de 2017, fue testigo de la aparición del Me Too popularizado en las redes como #MeToo, Yo también. El movimiento comenzó de forma viral, con el hashtag en las redes sociales para denunciar la violencia sexual tras las acusaciones de abuso sexual contra el productor de cine norteamericano Harvey Weinstein, hasta ese momento uno de los dioses del olimpo de Hollywood. Numerosas actrices comenzaron a denunciar los abusos que sufrieron durante décadas y este grito desbordó las fronteras e impulsó a miles de mujeres a denunciar abusos a través del #MeToo y sus diferentes versiones en otros países, como el #Cuéntalo en España.

Millones de mujeres movilizadas en todo el mundo. Las campañas mencionadas son solo a modo de ejemplo, podríamos llenar el libro entero refiriendo el trabajo que el feminismo ha protagonizado en los últimos años. Baste recordar cómo se celebró el Día Internacional de las Mujeres el 8 de marzo de 2018, cuando las movilizaciones recorrieron incluso lugares como Mosul, donde alrededor de 300 mujeres corrieron por sus calles en la primera maratón celebrada en la ciudad iraquí, o Arabia Saudí, donde un grupo de mujeres también salieron a correr por las calles de la capital —una de las actividades que hasta hace pocos meses estaba prohibida—; Turquía, donde las mujeres marcharon por la principal avenida de Estambul para acabar «con el patriarcado» bajo una fuerte vigilancia policial, e incluso en Kabul, la capital afgana, donde se manifestaron centenares de mujeres.

Las mujeres pararon el mundo

Y es que el 8 de marzo de 2018 fue el momento de inflexión de esta cuarta ola. El feminismo había acumulado ya el suficiente bagaje teórico y político y la suficiente capacidad organizativa como para lanzar y resolver con éxito una movilización global que mostrara sus reivindicaciones y exigencias, así como su fortaleza y determinación para conseguirlas. La movilización se concretó en la huelga feminista. No era la primera ni mucho menos, pero sí la primera global. Los antecedentes más recientes se encontraban en Islandia, cuando el 24 de octubre de 1975 el 90 % de las mujeres secundaron una huelga que duró todo el día. Las islandesas salieron a las calles y se manifestaron a favor de la igualdad. En octubre de 2016, más de cien mil mujeres en Polonia organizaron paros en el trabajo, además de manifestaciones, para reivindicar los derechos sexuales y reproductivos. A finales de ese mes, fueron las argentinas quienes hacían huelga tras el asesinato de Lucía Pérez con el grito de «Ni una menos».

En 2017 se hizo el primer «ensayo general», con el I Paro Internacional de Mujeres convocado el 8 de marzo. En más de cincuenta países se realizaron paros parciales —en España fueron dos horas— bajo el lema «Si nuestras vidas no valen, produzcan sin nosotras». La respuesta de millones de mujeres a esta convocatoria fue el germen del 8 de marzo de 2018. Señala Nancy Fraser que lo que comenzó como una serie de acciones de ámbito nacional se convirtió en un movimiento transnacional el 8 de marzo de 2017, cuando organizadoras de todas las partes del mundo decidieron atacar juntas. Con ese golpe audaz, dieron un nuevo sentido político al Día Internacional de las Mujeres. Dejando atrás las fruslerías de mal gusto y despolitizadas, las huelguistas han reavivado las prácticamente olvidadas raíces históricas de ese día en el feminismo socialista y la clase trabajadora. Sus actuaciones evocan el espíritu de la movilización de las mujeres de clase trabajadora de comienzos del siglo XX. Reencarnando ese espíritu militante, las huelgas feministas de hoy están proclamando nuestras raíces en las luchas históricas por los derechos de los trabajadores y la justicia social. Uniendo a mujeres separadas por océanos, montañas y continentes, así como por fronteras, alambradas de púas y muros, dan un nuevo sentido al lema «La solidaridad es nuestra arma». Rompiendo el aislamiento de las paredes domésticas y simbólicas, las huelgas demuestran el enorme potencial político del poder de las mujeres: el poder de aquellas cuyo trabajo remunerado o no remunerado sostiene el mundo.[8]

8. Nancy Fraser, Cinzia Arruzza y Tithi Bhattacharya, *Manifiesto de un feminismo para el 99 %*, Barcelona, Herder Editorial, 2019.

La movilización del 8 de marzo de 2018 sorprendió al propio movimiento feminista. Ni la más optimista de las expectativas habría podido imaginar la contundente respuesta de millones de mujeres en todo el mundo y la adhesión a la huelga de más de ciento setenta países. Pero eso no es todo; como señala Fraser, este floreciente movimiento ha inventado nuevas formas de hacer huelga y ha infundido esas mismas formas en un nuevo tipo de política, ampliando la idea misma de lo que se entiende por «trabajo». Y al redefinir qué se entiende por «trabajo» y quién cuenta como «trabajador/a», rechaza la infravaloración estructural que hace el capitalismo del trabajo de las mujeres, sea remunerado o no. En resumen, el feminismo de la huelga de las mujeres anticipa la posibilidad de una nueva fase sin precedentes de la lucha de clases: feminista, internacionalista, ecologista y antirracista.[9] Anunciaba, con rotundidad, la cuarta ola.

La huelga feminista, efectivamente, transcendía las huelgas sindicales. Se trataba de una huelga en todos los espacios de la vida, más allá de lo que tradicionalmente se ha entendido como huelga general. Si la participación de las mujeres es nuclear en todas las esferas de la vida, la huelga feminista tenía que alcanzar, además del ámbito laboral, otros trabajos y espacios. Así, la huelga feminista se definió como una huelga laboral, de cuidados, de consumo y estudiantil.

En España, la Comisión 8M de Madrid lo resumía así:

> El nuestro es un movimiento, transfronterizo y transcultural. Somos un movimiento internacional diverso que planta

9. *Ibid.*

cara al orden patriarcal, racista, colonizador, capitalista y depredador del medio ambiente. Proponemos otra forma de ver, entender y estar en el mundo, de relacionarnos, en definitiva, nuestra propuesta supone un nuevo sentido común. Por eso formamos parte de las luchas contra las violencias machistas, por el derecho a decidir sobre nuestro cuerpo y nuestra vida, por la justicia social, la vivienda, la salud, la educación, la soberanía alimentaria y la laicidad. De las luchas que protagonizan mujeres que defienden sus tierras y los recursos de sus pueblos, incluso arriesgando su vida, amenazadas por el extractivismo, las empresas transnacionales, y los tratados de libre comercio; contra las viejas y nuevas formas de explotación y muchas otras luchas colectivas.[10]

Porque somos activamente antirracistas estamos contra la ley de extranjería y los muros que levanta el Norte global; porque somos antimilitaristas estamos contra las guerras, que son una de las causas que obligan a las mujeres a migrar; contra los Estados autoritarios y represores que imponen leyes mordaza y criminalizan la protesta y la resistencia feminista. Nos unimos al grito global lanzado por las mujeres en Brasil, en EE.UU., en Italia, en India y en otras partes del mundo frente a las reacciones patriarcales por el avance de las mujeres en el logro de nuestros derechos, y frente a una derecha y extrema derecha que nos ha situado a mujeres y migrantes como objetivo prioritario de su ofensiva ultraliberal y patriarcal. Sabemos que para resistir hay que seguir avanzando y nos sabemos fuertes. Tenemos una propuesta positiva para que todas y todos, desde nuestra diversidad, tengamos una vida digna.[11]

10. Comisión Feminista 8M de Madrid, *¿Qué quiere el movimiento feminista? Reivindicaciones y razones*, Madrid, Traficantes de Sueños, 2019, p. 13.
11. *Ibid.*, p. 14.

La indignación, el cansancio y el hartazgo, capital político

Desde Yemen hasta China, desde el Reino Unido hasta Afganistán y Estados Unidos, la cuarta ola está resonando en todo el mundo. No sabemos hasta dónde llegó la influencia de las palabras de bell hooks, probablemente, como siempre ha ocurrido, fue el pensamiento y la acción de miles de mujeres en todo el mundo lo que ha provocado el tsunami actual. ¿Y por qué regresó el feminismo cual tsunami, filtrándose en todos los rincones del mundo? Estas cosas nunca tienen una respuesta simple.

En primer lugar, asegura Rosa Cobo, la «macrorrevisión» que hizo el feminismo desde los años ochenta del siglo xx ha sido determinante. La cuarta ola ha aparecido precisamente porque el feminismo ha asumido la diversidad de las mujeres y se ha asentado esta idea en su configuración ideológica, de manera que ya es posible desplazar el foco desde el interior del feminismo hasta fuera, hasta los fenómenos sociales patriarcales más opresivos. Sin este lento y aparentemente imperceptible desplazamiento, no hubiese sido posible esta cuarta ola.

Además, millones de mujeres en el mundo estaban, como explicaba años antes Rosa Parks (1913-2005), tan cansadas como hartas. Parks creció siendo una niña negra en el Alabama racista y segregacionista, conviviendo con el terror y la violencia del impune Ku Klux Klan. Se hizo mayor trabajando en los movimientos reivindicativos en favor de los derechos de la población negra y comenzó a trabajar en la Asociación Nacional para el Progreso de las Personas de

Color, conocida por sus siglas en inglés NAACP (National Association for the Advancement of Colored People). El 1 de diciembre de 1955, en Montgomery, cuando regresaba de su trabajo en el autobús, se negó a ceder el asiento a un hombre blanco, lo que suponía saltarse las leyes raciales vigentes. Por tal acción acabó en la cárcel. No era la primera vez; antes que ella, otras tres mujeres habían hecho lo mismo: Claudette Colvin —que había sido arrestada el 2 de marzo de ese año—, Irene Morgan —protagonista de la misma acción diez años antes— o la protesta de Ida Wells que, como hemos señalado en el capítulo anterior, se atrevió a permanecer sentada 71 años antes que Parks. La diferencia estaba en que la acción de Parks se considera la chispa del movimiento contra la segregación cuando la población negra se solidarizó con ella, especialmente un pastor desconocido en ese momento, Martin Luther King, y se inició un llamamiento para boicotear las normas segregacionistas en los autobuses, y lo consiguieron. Al año siguiente, en 1956, la lucha judicial contra la ley segregacionista de Montgomery y Alabama llegó finalmente a la Corte Suprema de Estados Unidos, que declaró inconstitucional la segregación en el transporte.

La historia es suficientemente conocida. La parte curiosa está en que Parks era una luchadora por los derechos civiles de la población negra, pero también era mujer, así que no faltaron historiadores que cuestionaron el valor de su gesto y hablaron de ella simplemente como una «costurera cansada», una mujer que no se levantó por cansancio. Ella recogió esas críticas en su biografía y respondió: «La gente dice que no dejé mi asiento porque estaba cansada, pero no es verdad, no estaba cansada físicamente, o no más de lo que solía estar al final de un día de trabajo. No era vieja, aunque se tiene una imagen de mí entonces como la de una anciana. Tenía 42 años. No, estaba cansada de ceder. Harta de que me relegaran».

La reacción patriarcal ha sido tan intensa desde los años ochenta del siglo pasado y ha golpeado tan fuerte que toda la indignación, el profundo cansancio y el hartazgo de las mujeres se convirtió en un gran capital político. Ante tanta reacción patriarcal, era inminente la aparición de la reacción feminista.

En 1991, Susan Faludi publicaba *Reacción. La guerra no declarada contra la mujer moderna*, un libro que ganó el premio Pulitzer y en el que su autora explicaba minuciosamente cómo tras los logros conseguidos por el feminismo en los años anteriores, y antes de que la deseada igualdad entre los sexos estuviese asentada, una contrarrevolución ideológica —oculta tras un discurso aparentemente progresista— amenazaba a las mujeres. Frente a ella, Faludi nos advertía, «cuando el feminismo pasa por horas bajas, las mujeres asumen individualmente el papel de oponentes a la cultura masculina: lucha en forma privada y muy a menudo encubierta para afirmarse contra la marea cultural dominante».

Cuando aún estábamos rehaciéndonos de esa potente reacción patriarcal y el feminismo se estaba poniendo en pie de nuevo, dos circunstancias se precipitaron. Por un lado, el neoliberalismo explotó en la gran crisis de 2008 y, por otro, el fascismo resucitó en forma de partidos políticos o candidaturas presidenciales que aspiraban, de nuevo, a gobernar el mundo.

Dentro de la reacción patriarcal ocupan un lugar destacado la organización de los *grupos antielección* —los que se autodenominan «provida», aunque su defensa de «la vida» solo consiste en su oposición a los derechos sexuales y reproductivos de las mujeres, especialmente son beligerantes y violentos en contra del aborto, pero no se les conoce ninguna defensa de esos fetos cuando nacen y se convierten en niñas o en mujeres. La vida que defienden solo está en el vientre de las mujeres gestantes. A partir del nacimiento, se desentienden de los niños y niñas abusados, de las niñas violadas, de las mujeres maltratadas...—. Esta nueva Inquisición básicamente está formada por fundamentalistas religiosos y militantes conservadores, ultraconservadores y populistas.

Frente a todo esto se levantó la cuarta ola feminista. En 1971, Angela Davis había escrito que el fascismo es un proceso y su desarrollo y ampliación son de naturaleza cancerígena, por ello hay que combatirlo desde sus inicios. Las feministas fueron las primeras. Como hemos señalado, al día siguiente de la toma de posesión del presidente estadounidense Donald Trump, el 21 de enero de 2017, se convocaba la Women's March, la movilización más multitudinaria en Estados Unidos desde la guerra de Vietnam. Lo mismo ocurrió en Brasil. Frente a las políticas misóginas y sexistas del gobierno de Bolsonaro, la organización política y social de las mujeres se ha convertido en la verdadera fuente de oposición al líder ultraderechista brasileño.

Las movilizaciones en Brasil comenzaron durante la campaña electoral. El 30 de agosto de 2018, un grupo de mujeres decidió abrir una página en Facebook para llamar a firmar una declaración, «Mujeres contra Bolsonaro». El grupo se presentaba «contra el avance y el refuerzo del machismo, de la misoginia y de otro tipo de prejuicios, contra la censura, por el derecho a la tierra, por una política respetuosa con el medioambiente...». Diez mil demandas de adhesión por minuto recibieron en la página, casi cuatro millones de firmas se recogieron en pocos días. Los partidarios del candidato intentaron hackear la página, lo que provocó una revuelta aún mayor y la impresionante movilización en redes condujo a la convocatoria de manifestaciones por todo el país. El grupo se transformó en «Mujeres unidas contra Bolsonaro» y la consigna «Él no». La movilización de las brasileñas, como todas las de la cuarta ola, recibió el apoyo en medio mundo. Berlín, La Haya, Oporto, Sídney... organizaron movilizaciones hermanas. Bolsonaro ganó, pero la oposición del feminismo continúa. De hecho, en las mismas elecciones que lo llevaron al poder, la representación femenina en el Congreso aumentó un 51 % y un 35 % en las asambleas estatales.

El otro cáncer con el que se encontró el feminismo en el siglo XXI fueron las políticas económicas neoliberales que han traído consigo una nueva política sexual. Además de crear una nueva clase social, el precariado, claramente feminizada, la economía neoliberal ha convertido la sexualidad femenina y su capacidad de procrear en un gran negocio global con dos grandes industrias: la industria del sexo y la de los vientres de alquiler. El nuevo discurso económico-patriarcal convierte la vida en mercancía. El neoliberalismo intenta convencernos de que los deseos se pueden convertir en derechos si se tiene suficiente dinero para comprarlos y reduce la libertad a un mero intercambio, si puedes intercambiar algo (aunque sea tu cuerpo) estás usando tu libertad de elección (da igual en qué condiciones está ocurriendo ese intercambio).

El feminismo, señala Rosa Cobo, ha sabido identificar la política sexual del neoliberalismo de manera que ha desenmascarado la misoginia que alimenta su núcleo duro. La filosofía neoliberal de que todo se puede comprar y vender está golpeando la vida de las mujeres explotándolas económica y sexualmente (feminización de la pobreza, brecha salarial, trabajos precarios, economía sumergida, crecimiento exponencial de la trata y la prostitución, aparición de nuevos nichos de negocio con la compraventa y alquiler de vientres, niños y niñas...). Frente a ello, las feministas han vuelto a exigir políticas redistributivas y a colocar en primera línea del debate político la precarización de la vida de las mujeres, así como la profunda crisis de cuidados en la que estamos inmersas. Así, otra característica de la cuarta ola es su lucha tanto contra el fascismo como contra las políticas neoliberales.

Además de la revisión interior y de la reacción feminista frente a la reacción patriarcal, un tercer elemento explicaría el surgimiento de la cuarta ola. Hasta ahora, las olas anteriores han surgido al tiempo que sucedía una «crisis civilizatoria», por decirlo en palabras de Amelia Valcárcel; es decir, al tiempo que cambiaban los sistemas políticos y económicos mundiales. En la primera ola, nace el feminismo en el momento de destrucción del Antiguo Régimen; la segunda ola surge en el siglo XIX con la Revolución industrial y el cambio en los modos de vida y de producción que supone; la tercera, tras la Segunda Guerra Mundial, que transformó el orden geopolítico y económico. La cuarta es coetánea de la sociedad de la información y de lo que ya se comienza a denominar la Cuarta Revolución Industrial.

El concepto «sociedad de la información» comenzó a utilizarse en Japón durante los años sesenta, pero será el sociólogo Manuel Castells quien examine los caracteres del nuevo paradigma para acuñar no la noción de la sociedad de la información, sino la de la era informacional, con internet como fundamento principal de este nuevo modo de organización social en esferas tan dispares como las relaciones interpersonales, las formas laborales o los modos de construir la identidad propia. Según Castells, la sociedad de la información es aquella en la que las tecnologías facilitan la creación, distribución y manipulación de la información y desempeñan un papel esencial en las actividades sociales, culturales y económicas.

Explica Klaus Schwab, el fundador y director general del Foro Económico Mundial, que la Cuarta Revolución Industrial sería aquella que está cambiando la forma de vivir, trabajar y relacionarnos, y se basa en el exponencial y vertiginoso desarrollo tecnológico desde campos como la inteligencia artificial, la robótica, el internet de las cosas, la impresión 3D, la nanotecnología, la biotecnología, la computación cuántica... Una revolución que no solo está cambiando el qué y el cómo hacer las cosas, sino hasta quienes somos. Sin duda, como veremos a continuación, la cuarta ola feminista está definida por la tecnología.

Un movimiento de masas, interseccional y ciberactivo

De manera que frente a la reacción patriarcal de las últimas décadas ha aparecido esta cuarta ola como una reacción feminista en la que el cansancio, el hartazgo y la indignación son capital político. Una cuarta ola que está caracterizada por un despertar, una toma de conciencia mayoritaria y una lucha global contra la verdadera raíz de la opresión de las mujeres, pero ¿cuáles serían sus principales rasgos? En primer lugar, subraya Rosa Cobo, el feminismo, actualmente y por tercera vez en su historia, se ha convertido en un movimiento de masas. Antes lo había sido con el sufragismo (por primera vez) y más tarde también lo consiguió el feminismo radical, pero, en este caso, esta cuarta ola presenta una novedad: el feminismo, por fin, es global. No hay país en el mundo en el que no haya —de una manera u otra— feminismo.[12]

Señalan Virginia Guzmán y Claudia Bonan cómo ese movimiento de masas se va construyendo a partir de los años noventa del siglo xx al tiempo que va profundizando en su rol como fuerza modernizadora y civilizadora. Así, a partir de los años noventa, los movimientos feministas se han expandido aceleradamente por diversas regiones geográficas y han adoptado distintas expresiones. Sus formas de organización se han vuelto más complejas; su composición, más heterogénea, y el rango de sus acciones y agendas, más amplio. Las organizaciones de mujeres han participado activamente como movimiento crítico en las conferencias

12. Rosa Cobo, «Cuarta ola feminista», *Público*, 15 de marzo de 2018. https://blogs.publico.es/dominiopublico/25352/cuarta-ola-feminista/?doing_wp_cron=1538503233.7570390701293945312500

mundiales convocadas por Naciones Unidas. Se integraron masivamente no solo a la preparación de la Cuarta Conferencia Mundial sobre la Mujer (Beijing, 1995), sino que también tuvieron una participación destacada en las conferencias sobre medioambiente (Río, 1992), derechos humanos (Viena, 1994), población y desarrollo (El Cairo, 1994), educación de adultos (Hamburgo, 1997) y contra el racismo, la discriminación y la xenofobia (Durban, 2001). La presencia de las mujeres en los ámbitos transnacionales las ha llevado a constituirse en protagonistas visibles de las relaciones internacionales y en participantes activas, junto a otros movimientos —de derechos humanos, ambientalistas, minorías sexuales, negros, indígenas—, en los procesos de formulación de las leyes, marcos normativos y agendas políticas internacionales.[13]

La constitución de redes ha conectado a distintos grupos feministas a través del mundo y ha permitido la circulación de ideas, recursos y formas de comportamiento solidario. Su presencia en los espacios transnacionales ha tenido la doble virtud de visibilizar internacionalmente su protagonismo y sus propuestas y, al mismo tiempo, irradiar hacia sus sociedades el reconocimiento obtenido en estos espacios globales y, de esta manera, presionar sobre los límites culturales y políticos que las sociedades nacionales imponen al desarrollo de las agendas políticas de los movimientos sociales.

En conclusión, la experiencia política del movimiento feminista en los últimos años ha fomentado el desarrollo de

13. Virginia Guzmán y Claudia Bonan, «Feminismo y Modernidad», *Debate Feminista*, vol. 35, 2007, pp. 257-274.

un fuerte sentimiento de pertenencia a una lucha emancipatoria de carácter global. Este proceso les ha permitido acceder a una creciente conciencia sobre la diversidad de formas de lucha, el multiculturalismo, las diferentes interpretaciones que suscitan las desigualdades, exclusiones y discriminaciones y sus formas de superación y contribuir a ella. Las agendas feministas contemporáneas no se reducen de manera estrecha y restringida a la «inclusión de las mujeres». Son agendas múltiples y pactadas entre un gran espectro de sujetos políticos, en las que se articula un conjunto complejo de temáticas concernientes a la transformación global de las formas de vida en sociedad bajo los ideales de emancipación, justicia social, libertad y no discriminación: la economía, el comercio y el presupuesto público; las formas de producción y consumo; las transformaciones en el mundo del trabajo; el desarrollo científico y tecnológico; la bioética y la bioseguridad; las migraciones internacionales; la guerra y la paz; el medioambiente y la calidad de vida; el combate a la corrupción y al crimen organizado; las reformas de los sistemas multilaterales; la gobernabilidad, la redefinición del rol de los estados nacionales y de las formas de ciudadanía en un mundo globalizado.[14]

La segunda característica de la cuarta ola es la interseccionalidad, la propuesta feminista que ha hecho posible esta movilización global. Siguiendo a Rosa Cobo, no habría sido posible trasladar el mensaje y convencer si el feminismo no hubiese asumido la diversidad de las mujeres y, al mismo tiempo, no hubiese vuelto a poner sus energías en las polí-

14. *Ibid.*

ticas de distribución. Es decir, el feminismo se ha «ensanchado», primero se hizo global internamente para luego hacerse global externamente. Esto significa que «ya no hay que elegir un bando» entre el movimiento feminista y el antirracista, por ejemplo. La interseccionalidad —señala Kira Cochrane— es el principio rector de las feministas actuales. La interseccionalidad, además de hacer el movimiento feminista más amplio y respetuoso, ha traído un efecto no esperado. La exigencia de autoevaluación de privilegios.[15] Por llamarlo de alguna manera, la interseccionalidad proporciona unas gafas violetas muy grandes que no solo sirven para ver la desigualdad, sino que también se acostumbran a reconocer cómo se construyen las jerarquías del poder, su dinámica.

Además de corregir sus márgenes y sus límites, el feminismo ha hecho un análisis acertado sobre la sociedad del siglo XXI caracterizada por un neoliberalismo que lleva en su seno un patriarcado voraz:

> Esta movilización a escala global, alentada por una desigualdad y una violencia contra las mujeres también globales, es un factor de legitimación del feminismo. Cuando un movimiento social tiene tal capacidad de convocatoria es porque recoge simpatía de sectores mayoritarios de la población. Y también porque ha sido capaz de colocar en el centro simbólico de la sociedad un significante, la necesidad de justicia para las mujeres, compartido por amplios sectores sociales. Muchas más mujeres que las que se autodefinen como feministas se han

15. Kira Cochrane, «La cuarta ola del feminismo», *The Guardian*, 22 de enero de 2014. http://www.lrmcidii.org/la-cuarta-ola-del-feminismo-por-kira-cochrane/

identificado con esta idea e, incluso, también grupos de varones comparten la justicia de esta vindicación feminista.[16]

Quizá no sea arriesgado aventurar que a los inicios del siglo XXI se los recuerde como el momento en el que las mujeres rompieron el silencio. El silencio es el mandato patriarcal por excelencia. Durante siglos se mantuvo la expresa prohibición a las mujeres de tener conocimiento, leer, escribir, crear, hablar en público... Ese pacto de silencio forjado sobre el miedo de ellas, la violencia de ellos y la indiferencia de la mayoría había conseguido normalizar el abuso, el maltrato e incluso generar la cultura de la violación en la que vivimos. Ana Orantes, Malala, el movimiento #MeToo..., miles de voces de mujeres en todo el mundo lo están haciendo añicos con una fuerza desconocida hasta ahora. Es el fruto del buen trabajo que el feminismo lleva haciendo, sin descanso, los últimos tres siglos. Millones de mujeres en todo el mundo han dicho se acabó. Miles de mujeres han dejado de tener miedo y están dispuestas a hablar alto y claro en las redes sociales, frente a las cámaras y frente a los tribunales.

Miles de mujeres en todo el mundo saben que el silencio y la sumisión, lejos de protegernos, amparan a los perpetradores y alimentan la impunidad, gasolina de la violencia. Por otro lado, se ha roto el silencio especialmente en lo que a violencia sexual se refiere. Si la cultura de la violación había sido conceptualizada por el feminismo de la tercera ola, en este momento se está combatiendo colocando el foco en

16. Rosa Cobo, «Cuarta ola feminista», *Público*, 15/03/2018. https://blogs.publico.es/dominiopublico/25352/cuarta-ola-feminista/?doing_wp_cron=1538503233.7570390701293945312500

los violadores y acosadores, poniendo nombres y apellidos, denunciando las complicidades y exigiendo una justicia que merezca el nombre.

El feminismo de la cuarta ola está definido por la tecnología. Internet está permitiendo al feminismo construir un movimiento online fuerte, popular, reactivo. Las redes sociales provocan a su vez un nuevo tipo de acción, la de las multitudes anónimas organizadas de forma rápida y precisa, con objetivos claros y comunes, con una estrategia que puede discutirse y planificarse. Las redes permanecen una vez desaparecida la acción, lo que hace que se creen redes virtuales permanentes que van concienciando a grupos cada vez más jóvenes y relacionados en todo el mundo. Grupos que nacen en el mundo virtual y luego sienten la necesidad también de organizarse en sus respectivos ámbitos, bien acercándose al movimiento feminista organizado, bien creando sus propios grupos feministas en los institutos, en las universidades... Un nuevo espacio de opinión pública al que las mujeres nunca habían tenido acceso por el control patriarcal de los medios de comunicación.

De manera que el ciberactivismo es una marca fundamental de esta ola que ha articulado una comunidad virtual feminista que ha operado junto a las organizaciones presenciales y que están ancladas en la sociedad civil. Una red que por un lado se retroalimenta y por otro permite «desenmascarar» la misoginia oculta. Asegura Kira Cochrane que si quieres saber cuán profundamente le molesta a alguna gente los avances de las mujeres, solo tienes que asomarte a las redes. La cantidad de misoginia online es quizá la reacción negativa más obvia y desagradable por el momento.

Pero los intentos de callar a las mujeres solo consiguen que el movimiento crezca en tamaño y repercusión. Convencieron a quienes nunca habían pensado en la misoginia antes de que estaba claramente viva y coleando, y convencieron a quienes ya estaban convencidas de que había que continuar.

Pero, añade Cochrane, lo que es impresionante es la manera en que están creando un movimiento capaz de atacar problemas estructurales, sistémicos. Como comenta la filósofa Nina Power, hay adolescentes hoy, creciendo con Twitter y Tumblr, que entienden perfectamente el lenguaje y los conceptos feministas, que son activas en una variedad inmensa de temas. Las preocupaciones del movimiento cambian constantemente y lo harán probablemente de manera importante cuando las jóvenes activistas de hoy se encuentren con la brecha salarial, los costes de cuidado de su descendencia, la discriminación por embarazo en su propia vida. «¿Cómo va a ser para esta generación que entiende perfectamente estos términos y categorías y analiza a conciencia todos estos temas desde muy joven?», dice Power. Educadas para que sepan que son iguales a los hombres, las feministas de la cuarta generación se cabrean cuando no se las trata como tales, pero tienen confianza de sobra para gritar bien alto.[17]

Otra característica de la cuarta ola es la renovada política de alianzas. Por un lado, mientras el feminismo se hacía interseccional, se evidenciaba el distanciamiento con el movimiento LGTBI en cuanto a la consolidación del grupo gay como grupo hegemónico y la profunda herida que ha deja-

---

17. Kira Cochrane, «La cuarta ola del feminismo», *The Guardian*, 22 de enero de 2014. http://www.lrmcidii.org/la-cuarta-ola-del-feminismo-por-kira-cochrane/

do la defensa de la práctica de los vientres de alquiler por parte de algunos colectivos. También la desconfianza del feminismo ante los partidos políticos en general. De las derechas, que han convertido el feminismo en su bestia negra, especialmente los partidos fascistas y de ultraderecha. De los liberales porque, empeñados en confundir pensamiento liberal y neoliberal, pretenden incluso la apropiación de buena parte de la genealogía feminista, especialmente la historia del feminismo del siglo XIX, y apropiándose del lenguaje feminista defender sus postulados de mercado. De los de izquierda, empeñados en absorber un movimiento que no son capaces de controlar pero que miran con deseo por su capacidad de movilización, su espíritu combativo y su proyecto (no ya de país, sino de un mundo nuevo), pero que son incapaces de hacer cumplir la agenda feminista por sus propias jerarquías patriarcales y sus hiperliderazgos masculinos. Por otro lado, se consolida la cada vez mayor alianza con el ecologismo y, a su vez, el desarrollo del ecofeminismo. No es casualidad que buena parte de las generaciones más jóvenes de feministas sean veganas.

La cuarta ola es intergeneracional. Como afirma Rosi Braidotti, «en este tejido complejo, polivalente, de grupos productores de prácticas discursivas, podemos relevar dominios de preocupaciones comunes, coaliciones de intereses que hacen del movimiento una máquina política gobernada por la voluntad compartida por todas de mejorar el estatus de las mujeres».[18] No hay *relevo* generacional porque nadie

18. Rosi Braidotti, «Théories des études féministes. Quelques expériences contemporaines en Europe», *Savoir et différence des sexes*, Les Cahiers du Grif, 45 (1990), p. 43.

se ha ido. Se está produciendo un diálogo intergeneracional en el que feministas de larga y muy larga trayectoria trabajan junto a mujeres jóvenes compartiendo liderazgos, propuestas y discursos. La novedad de la cuarta ola es la suma de millones de mujeres jóvenes al movimiento feminista, algunas, incluso, organizadas desde la educación secundaria. Esta llegada masiva de jóvenes a la militancia feminista, además de nuevas miradas, respuestas y formas de militancia, ha provocado también que buena parte de la cuarta ola se articule alrededor de la denuncia de la violencia sexual, la más invisibilizada de todas y la que sufren especialmente niñas, adolescentes y mujeres jóvenes.

El feminismo de la cuarta ola también se caracteriza por estar impugnando el modelo no solo en los regímenes autoritarios, también en las democracias actuales por déficit de legitimidad. Las últimas reclamaciones, acciones y movilizaciones del feminismo están impugnando los procedimientos, las reglas del juego. Por ejemplo, en este momento, está en entredicho todo el sistema judicial en cuanto que, en la práctica, lejos de proteger a las mujeres, las está castigando (el juicio de La Manada o el caso Juana Rivas en España son quizá los mejores ejemplos de una justicia patriarcal rechazada socialmente). En esa impugnación de los procedimientos podemos incluir los procesos de selección laboral, la composición de los jurados de los premios, la distribución de cargos, la falsa neutralidad de la meritocracia en las universidades, la misoginia de instituciones en las que sus miembros hacen de juez y parte al mismo tiempo —la Real Academia Española, por ejemplo— o la escandalosa distribución de recursos. Vivimos en sociedades donde se puede destinar cualquier cantidad de dinero para la «seguridad» de un partido de fútbol, pero no hay presupuesto para proteger la vida de mujeres en riesgo de ser asesinadas por asesinos conocidos, sociedades que prefieren destinar dinero al espectáculo antes que a proteger la vida de las mujeres. Efectivamente, las herramientas del amo no nos sirven. Los procedimientos nos excluyen antes de llegar.

4

FEMINISMO 4.0

> Hay maneras de pensar que aún no conocemos. Con ello quiero decir que muchas mujeres piensan, incluso hoy, de una forma que la intelectualidad tradicional niega o es incapaz de comprender.
>
> ADRIANNE RICH

El patriarcado no es invencible

No puedo estar más de acuerdo con Cynthia Enloe, el patriarcado no es invencible. Acabar con él, que desde luego no es tarea fácil, requiere, en primer lugar, creerse esa posibilidad. Como en una mala terapia, habría que «visualizar» cómo sería ese mundo no patriarcal, y mucho me temo que ni siquiera somos capaces de convencernos de que podemos acabar con la violencia de género; como mucho, hablamos de mitigarla, no de erradicarla. Después de tantos años de *deconstrucción*, la cuarta ola feminista vuelve a poner pie a tierra y a hacerse cargo de la vida de las mujeres. La cuarta ola ya no se está defendiendo del zarpazo neoliberal, sino que está proponiendo soluciones frente a los mayores problemas, fundamentalmente la violencia sexual y la explotación económica que va desde la desigualdad salarial hasta la feminización de la pobreza de norte a sur, desde la precarización de la vida de las mujeres hasta la usurpación masculina de sus capacidades sexuales y reproductivas para convertirlas en grandes industrias. «No es un hecho aislado, se llama patriarcado», gritan en las manifestaciones feministas quinceañeras que han vuelto a hacer suyo el término sin adjetivos. Sí, la cuestión nos está pidiendo a gritos soluciones. Historia feminista, teoría feminista, genealogía feminista, agenda y estrategia. La cuarta ola del feminismo utiliza nuevas estrategias y necesita utopías.

Como la web, el feminismo busca soluciones. Si la web 1.0 fue la primera que apareció y en ella solo se podía consumir contenido, se trataba de información a la que se podía acceder, pero sin posibilidad de interactuar, era unidireccional, la 4.0 que nace en 2016 (contemporánea con la cuarta ola feminista) ofrece un comportamiento más inteligente. La web 4.0 ofrece soluciones. Si las olas feministas no son independientes, sino que están íntimamente relacionadas, podemos ver la dinámica en la que lo que una propone, la siguiente lo realiza. Como dice Alicia Miyares, en la primera ola se plasma el análisis de la desigualdad entre mujeres y hombres, «el estado de la cuestión». La primera ola lo describe, pero no lo transforma. La segunda ola, sin embargo, lleva a la acción concreta aquel estado de la cuestión. La toma de conciencia se hace colectiva y se consigue una serie de reclamaciones y conquistas de derechos: voto, acceso a la universidad. La tercera ola vuelve a ser descriptiva. Se conceptualiza y analiza el patriarcado, se modifican las leyes y las condiciones de vida de algunas mujeres en algunas partes del mundo, pero podríamos resumir que en realidad lo que se consigue —donde se consigue— es la igualdad formal, no la igualdad real. Así pues, correspondería a la cuarta ola, siguiendo esta dinámica, alcanzar la igualdad real.

Solo a modo de propuesta o sugerencia, se me ocurre que en primer lugar se podría empezar haciendo limpieza, revisando los conceptos que ya no son útiles, se han quedado viejos o simplemente han rebasado su nivel de utilidad llevándonos a confusión, como diría Rosa María Rodríguez Magda. En segundo lugar, haciendo frente a lo que Amelia Valcárcel llama «la agenda sobrevenida», esas cuestiones que no estaban previstas pero sobre las que el feminismo no puede mirar hacia otro lado. En este momento, en ese listado aparecen, al menos, los vientres de alquiler, la prostitución y la «ideología de género». En tercer lugar, fijando una agenda propia en la que, aunque resulte imposible llegar a un consenso entre todas las familias, no podría eludir erradicar la violencia contra las mujeres en todas sus manifestaciones, conseguir los derechos sexuales y reproductivos y enfrentar la feminización de la pobreza y la crisis de cuidados, tan apremiante como la crisis medioambiental, puesto que ambas ponen en evidencia que el sistema político, económico y cultural que soportamos no es sostenible. Una agenda propia que, en la cuarta ola, sin duda pasa por el ciberfeminismo y el ecofeminismo.

Las tres *Es* y las tres *Rs* de la igualdad real

Será por la complejidad del momento actual, pero hay dos ideas que necesitan tres variables para estar completas. *Las 3 Es* que propone Isabel Santa Cruz y *las 3 Rs* de Nancy Fraser, que diría Laura Nuño. La igualdad que demanda el feminismo es mucho más compleja que la igualdad formal, como explica Isabel Santa Cruz; al menos, debe incorporar relaciones de equipotencia, equivalencia y equifonía.[1]

La igualdad, entendida no como identidad ni uniformidad ni estandarización, comporta, en primer lugar, la autonomía, es decir, la posibilidad de elección y decisión independientes, lo que involucra la posibilidad de autodesignación frente a la heterodesignación —una atribución de identidad por parte de quien ejerce el poder—. Como diría Celia Amorós, sujeto es quien administra sus propios predicados (y se los endosa a los demás). Pero para ello hay que tener poder. La autodesignación no es exactamente la agencia —entendida como la capacidad de actuación, de intervención en lo público-político—, porque para la agencia se necesitan sujetos autónomos. Por decirlo de otra manera, primero viene la autodesignación; después, la agencia. Así, igualdad supone autoridad o, lo que es lo mismo, la capacidad de ejercicio de poder, el «poder poder», como dice Celia Amorós. Solo puede llamarse iguales a quienes son equipotentes. Así pues, a pesar de las tensiones entre el

---

1. Isabel Santa Cruz, «Sobre el concepto de igualdad: algunas observaciones», *Isegoría*, n.º 6, 1992, p. 146.

feminismo institucional y el resto del movimiento, será difícil que las mujeres dejemos de ser «objeto transaccional», como decía Claude Lévi-Strauss, de los pactos y de los conflictos entre los varones si no estamos donde se pacta y donde se dirimen los conflictos.

Y esos, los lugares de la toma de decisiones, son muchos lugares, más de los que habitualmente pensamos. Sirva, a modo de ejemplo, la ya clásica reflexión de Cynthia Enloe sobre la política internacional:

> Una de las ideas más sencillas e inquietantes que conozco es que lo personal es lo político. Inquietante, porque significa que las relaciones que antes imaginábamos privadas, o meramente sociales, resultan estar infundidas de poder; en la mayoría de los casos, de un poder desigual legitimado por las autoridades. De ahí que la violación esté más relacionada con el poder que con lo sexual, y que los responsables no sean solo quienes violan sino también el Estado. [...] Por otro lado, la aserción «lo personal es político» es como un palíndromo, una de esas frases que pueden leerse de izquierda a derecha y al revés. Si se lee «lo político es personal», se entiende que lo político no está únicamente cincelado por lo que ocurre en los debates legislativos, cuando se va a votar o en las salas donde se planean las guerras. [...] Así, para poder explicarnos por qué determinado país tiene determinado tipo de política, tendríamos que indagar en cómo se construye la vida pública en función de las luchas que van definiendo la masculinidad y la feminidad. Aceptar que lo político es lo personal conduce a que temas como las políticas del matrimonio, las enfermedades venéreas y la homosexualidad no se conciban como algo marginal, sino como cuestiones de vital importancia para el Estado.

Y añade Enloe:

> Este tipo de investigación es tan serio como el análisis de las armas que emplean los ejércitos o el de cómo son las políticas fiscales. Para entender la política internacional tenemos que leer el poder de izquierda a derecha y también al revés. Las relaciones de poder entre los países y sus gobiernos no se materializan solo en maniobras militares o telegramas diplomáticos; «lo personal es internacional» en el sentido de que las ideas sobre lo que es una mujer «respetable» o un hombre «con honor» han sido configuradas por las políticas colonialistas, las estrategias de comercio y las doctrinas militares. Analizamos el tema de la violencia contra las mujeres sin intentar averiguar cómo funciona el comercio global de los vídeos pornográficos, o cómo dirigen sus negocios más allá de sus fronteras las compañías que ofrecen turismo sexual y pedidos de novias por correo.[2]

En segundo lugar, y estrechamente conectada con la equipotencia, la igualdad requiere lo que podríamos llamar «equifonía», es decir, la posibilidad de emitir una voz que sea escuchada y considerada como portadora de significado y de verdad, y goce, en consecuencia, de credibilidad. Y ese es un hueso duro de roer. Lo explicó magistralmente Celia Amorós en su libro *Salomón no era sabio* (2014), donde concluye que la fórmula simplemente consiste en que el patriarcado da la razón al patriarca, sin necesidad de pruebas ni investigaciones. El relato bíblico, lejos de ser olvidado, ha dejado insertada, en la cultura

2. Cynthia Enloe, *Bananas, Beaches & Bases: Making Feminist Sense of International Politics*, The University of California Press, 1989, pp.195-201. Traducciones Ilegales (octubre 1997).

cristiana al menos, la convicción de que la palabra de las mujeres es irrelevante y carece de valor testimonial, lo que significa que quedamos inhabilitadas para fundar genealogía —íntimamente unida a la herencia— y, por tanto, no acumulamos ni instituimos sabiduría.

El tercer carácter exigido por la igualdad es la equivalencia: tener el mismo valor. No basta con poder, sino que también hay que valer, con la respetabilidad que ello implica.[3] Este tercer ámbito es en especial relevante puesto que precisamente la violencia de género es el menosprecio, el desprecio, la falta de respeto.

Respecto a *las 3 Rs* de Nancy Fraser, estas están enmarcadas en el concepto de justicia social y pretenden resolver el interrogante que se plantea en un escenario de igualdad real: ¿Redistribución o reconocimiento? Explica Fraser que, en la actualidad, las reivindicaciones de justicia social se dividen en dos tipos. El primero pretende una redistribución más justa de los recursos y la riqueza y, por tanto, lucha por la igualdad a través de nuevos procesos de redistribución. El segundo requiere una política de reconocimiento donde se acepte la diferencia y se reconozcan las diferentes identidades que actualmente, como hemos visto, se vuelven más híbridas y complejas. Es decir, este segundo tipo de reivindicación lucha por el reconocimiento de las múltiples identidades como camino para la igualdad social. Para Fraser, ni la redistribución ni el reconocimiento por separado bastan para superar la desigualdad y la injusticia en la actualidad.

3. *Ibid.*, p. 147.

Explica la autora que, con el descentramiento de la clase y los diferentes movimientos sociales movilizándose en torno a ejes transversales de diferencias, sus reivindicaciones se solapan en tiempos de conflicto. Las exigencias de transformación cultural se entremezclan con las exigencias de una transformación económica; ambas se dan en el seno de los movimientos y a caballo entre unos y otros. No obstante, cada vez más, las reivindicaciones basadas en la identidad tienden a predominar, a medida que las perspectivas de redistribución parecen ir en retroceso. El resultado es un campo político complejo con escasa coherencia programática.

Aunque a Nancy Fraser se le ha reprochado la dificultad de separar estos dos ámbitos en la realidad (es obvio que la identidad en muchas ocasiones condiciona los recursos o la posibilidad de conseguirlos), en un esquema teórico, su propuesta de análisis es clarificadora. Así, Fraser expone dos formas analíticamente diferentes de entender la injusticia y esbozadas de manera general. La primera es la injusticia socioeconómica, que está arraigada en la estructura económico-política de la sociedad. Ejemplos de esta incluyen la explotación (que el fruto del propio trabajo sea apropiado para el beneficio de otra persona); la desigualdad económica (permanecer confinado a trabajos indeseables o mal pagados o ver negado, sin más, el acceso al trabajo asalariado), y la privación (negación de un nivel de vida material adecuado).

El segundo tipo de injusticia es cultural o simbólica. Está arraigada en los modelos sociales de representación, interpretación y comunicación. Ejemplos de ella incluyen la dominación cultural (la persona que está sujeta a modelos de interpretación y comunicación que están asociados con una cultura ajena y son extraños u hostiles a la propia); la falta de reconocimiento (cuando una persona está expuesta a la invisibilidad en virtud de las prácticas de representación, comunicación e interpretación legitimadas por la propia cultura), y la falta de respeto (la persona que es difamada o despreciada de manera rutinaria por medio de estereotipos en las representaciones culturales públicas o en las interacciones cotidianas).

La solución a la injusticia económica pasa por algún tipo de reestructuración político-económica. Esta puede consistir en la redistribución de la renta, en la reorganización de la división del trabajo, en el sometimiento de las inversiones a la toma democrática de decisiones o en la transformación de otras estructuras básicas de la economía. A pesar de que estas soluciones diversas difieren de manera sustancial unas de otras, Fraser las agrupa en el genérico «redistribución». La solución a la injusticia cultural, en cambio, consiste en una clase de cambio cultural o simbólico. Esto implicaría una reevaluación dinámica de las identidades denigradas y de los productos culturales de los grupos difamados. También implicaría reconocer y valorar de manera positiva la diversidad cultural. Una perspectiva aún más radical precisaría de la transformación total de los modelos sociales de representación, interpretación y comunicación. Sería el «reconocimiento».[4]

---

4. Nancy Fraser y Judith Butler, *¿Reconocimiento o redistribución? Un debate entre marxismo y feminismo*, Madrid, Traficantes de Sueños, 2016.

Así, las *tres Rs* de Nancy Fraser se resumirían muy brevemente en la consideración de la justicia social como un concepto completo que comprende varias dimensiones interrelacionadas y que necesita, para darle respuesta, tres ámbitos: la distribución de recursos, el reconocimiento y la representación.

La agenda sobrevenida o a qué se enfrenta la cuarta ola

LA «IDEOLOGÍA DE GÉNERO», LA NUEVA CAZA DE BRUJAS

«La ideología de género es la ideología patriarcal», afirma la jurista costarricense Alda Facio y no le falta razón. Para explicarlo recuerda la novela *1984*, en la que George Orwell profetizaba una sociedad donde la perversión del lenguaje servía de herramienta de control mental para eliminar los pensamientos disidentes. A esa perversión del lenguaje la llamaba «neolengua» y su estrategia era tan simple como eliminar todas las palabras que pudiesen servir para pensar de una manera que al poder no le convenía. Una de las formas de construir esa neolengua era dándoles el sentido contrario a las palabras, es decir, utilizar la jerga del «enemigo» con el significado contrario al que esa terminología tenía en su origen. Siguiendo la explicación de Alda Facio, eso es lo que están haciendo los fundamentalistas con la expresión «ideología de género», utilizarla como sinónimo de feminismo, pero en una construcción devaluada. Sin embargo, la ideología de género es precisamente la ideología fundamentalista, lo que el feminismo denuncia desde que conceptualizó el género[5] como una categoría de análisis que ponía al descubierto que no había nada de natural en la desigualdad entre hombres y mujeres, que el género era una construcción social y cultural jerarquizada que subordinaba lo femenino y colocaba lo masculino en situación de superioridad haciéndolo pasar por neutro y universal. Precisamente, como señala Alda Facio, el feminismo desarrolló la perspectiva de género como método para visibilizar esa ideología de género que sustenta el patriarcado.

Por eso, concluye Alda Facio, al contrario de lo que afirman los fundamentalistas cristianos, somos las feministas y todas las personas que creemos en la igualdad las que más nos oponemos a la «ideología de género», porque es esta ideología la que justifica el sexismo y la discriminación contra las mujeres y contra todas las otras personas que no se ajustan a la heteronormatividad.

Los fundamentalistas utilizan la estrategia del neolenguaje para darle un sentido contrario al concepto de ideología de género, presentándola no solo como la imposición de ideas y creencias que buscan destruir instituciones como la familia, el matrimonio y la libertad religiosa, sino como una ideología impuesta por las feministas. Todo lo contrario. Desde que con la teoría de género las feministas visibilizamos la ideología de género, todas nuestras acciones

---

5. Género en su sentido original, como una categoría de análisis, no en el devenir de la palabra que hemos analizado detenidamente en el capítulo dos.

se dirigen a desmontarla. Cuando los fundamentalistas dicen estar en contra de la ideología de género, están hablando en neolenguaje y realmente lo que están diciendo es que están a favor de que el patriarcado se mantenga, de que las mujeres sigan violentadas y menospreciadas y de que todo gire alrededor de los hombres heterosexuales. En otras palabras, están diciendo que se mantienen en contra de que se desmonte la idea de que los hombres, por naturaleza, son superiores a las mujeres.

Los sectores más conservadores se han unido al discurso de los fundamentalistas y presentan combate al feminismo utilizando también la ideología de género como si del eje del mal se tratase o, algo aún peor, el foco que pretende inyectar el odio entre los sexos, la disolución de la familia, el asesinato de los no nacidos y la normalización de las «desviaciones sexuales patológicas» (gays, lesbianas, transexuales), toda una presentación que semeja un *revival* de la antigua caza de brujas. Significativamente no se habla de perspectiva ni de teorías del género, denominaciones que mantendrían cierta objetividad, sino de «ideología», pretendiendo connotar un sentido de falseamiento y manipulación que subrepticiamente querría penetrar en nuestra conciencia.[6]

Hay que reconocer que el invento fundamentalista es ingenioso y si a ello se le suma que lo repiten sin parar desde todos los púlpitos y tribunas que tienen a su disposición (que son muchísimos), más toda la literatura «científica»

---

6. Rosa María Rodríguez Magda (ed.), *Sin género de dudas. Logros y desafíos del feminismo hoy*, Madrid, Biblioteca Nueva, 2015, p. 24.

que han generado (que para eso tienen colegios y universidades en todo el mundo), es un bulo que el feminismo necesita desarticular por las consecuencias que tiene, puesto que lo más ingenioso no ha sido dar la vuelta al significado, lo que les ha dado mayor rédito estratégico es colocar la palabra «ideología» delante de «género».

«Ideología» es una palabra curiosa, sin duda. Podemos entenderla como un sistema de ideas organizadas, sin más. También como un análisis de la realidad, una posición política con principios éticos y valores morales adheridos. Pero, igualmente, la ideología puede remitir a la idea de una distorsión interesada de la realidad, algo que pretende pasar como neutral y, sin embargo, es una visión parcial del mundo que responde a unos intereses. Así entendido, lo ideológico se opone a lo científico, que sería lo no discutible, lo objetivo, lo neutral, lo que no tiene intereses. En las sociedades actuales, lo ideológico, sin duda, tiene esta segunda lectura negativa; como decía Rafael Sánchez Ferlosio, tiene ideología, algo inamovible y que se «compra» en bloque quien no es capaz de tener ideas. Haber generado el marco conceptual de la ideología de género permite elaborar todo un discurso que lo excluye del aula. Si el feminismo, los estudios de género y todo su contexto no es científico, no puede estar en el aula; si es ideología, no es educación, es adoctrinamiento. Este aspecto es lo más importante del discurso de la ideología de género porque es precisamente el aula uno de los lugares estratégicos para acabar con el patriarcado. Las jerarquías religiosas lo saben de siempre; por esa razón no han dejado de pelear por las clases de religión y por evitar que la igualdad, la educación afectivo-sexual o la historia del feminismo se consoliden como estudios científicos, lo que sin duda permitiría acabar con el androcentrismo en las ciencias, la cultura y el conocimiento.

Así, el término «ideología» cumple un rol retórico específico, porque invoca una visión en la cual los ámbitos de las creencias y las ideas están separados del ámbito de la realidad, y el género estaría ubicado en los primeros; por lo tanto se socava la producción de conocimiento y las afirmaciones sobre la realidad de varias décadas de investigación en estudios de género. Como tales, estas oposiciones al género pueden ser leídas como proyectos de producción alternativa de conocimientos. Mediante la apelación tanto al sentido común como a las ciencias «duras» como la biología o la medicina, se proponen desmantelar una amplia matriz de investigación en ciencias sociales y humanidades.[7]

Con motivo de la IV Conferencia Internacional de Mujeres de Beijing, celebrada por Naciones Unidas en 1995, el papa Juan Pablo II escribió su Carta a las Mujeres.[8] Juan Pablo II había saludado la Conferencia de Beijing afirmando la visión esencialista religiosa, pero el cardenal Ennio Antonelli, presidente del Consejo Pontificio para la familia, en 2009 advertía:

---

7. Sarah Bracke y David Paternotte (ed.), «¡Habemus género! La Iglesia católica e ideología de género», Género&Política en América Latina (G&PAL), Río de Janeiro (Brasil), p. 9. https://sxpolitics.org/es/genero-politica-en-america-latina/4182

8. https://w2.vatican.va/content/john-paul-ii/es/letters/1995/documents/hf_jp-ii_let_29061995_women.html

El desafío más peligroso viene de la *ideología de género*, nacida en los ambientes feministas y homosexuales anglosajones y ya difusa ampliamente en el mundo. Según dicha teoría, el sexo biológico no tiene ninguna importancia, no tiene más significado que el color del cabello. Lo que cuenta es el género, o sea la *orientación sexual* que cada uno elige libremente y construye según los propios impulsos, tendencias, deseos y preferencias. Se ha hecho célebre el dicho de Simone de Beauvoir: «No se nace mujer, se hace» [...] El ser humano es, pues, no una realidad natural, sino cultural (constructivismo).

Y Benedicto XVI, en 2012, en el mensaje navideño a los cardenales y a los miembros de la Curia romana y del Gobierno del Vaticano, criticó:

La falacia profunda de lo que hoy se presenta bajo el lema «género» como una nueva filosofía de la sexualidad. Según esta filosofía, el sexo ya no es un dato originario de la naturaleza, que el hombre debe aceptar y llenar personalmente de sentido, sino un papel social del que se decide automáticamente, mientras que hasta ahora era la sociedad la que decidía [...] Allí donde la libertad de hacer se convierte en libertad de hacerse por uno mismo, se llega necesariamente a negar al Creador mismo y, con ello, también el hombre como criatura de Dios, como imagen de Dios, queda finalmente degradado en la esencia de su ser. En la lucha por la familia está en juego el hombre mismo. Y se hace evidente que, cuando se niega a Dios, se disuelve también la dignidad del hombre. Quien defiende a Dios, defiende al hombre.

El papa Francisco, en una entrevista informal con los medios de comunicación en el vuelo en el que regresaba a Roma tras el encuentro que mantuvo con familias en Manila, lanzó una dura andanada contra «la ideología de género», a la que caracterizó como una forma de «colonización», comparándola con las acciones de «los dictadores del siglo pasado, que introdujeron su doctrina» y añadió «solo hay que recordar los Barilla (jóvenes fascistas italianos) o las juventudes hitlerianas». Por si se hubiese quedado corto, en otro momento aseguró que «todo feminismo termina siendo un machismo con faldas» y en abril de 2014 advertía contra «los horrores de la manipulación educativa», que son propensos a transformar la escuela en «campos de reeducación», comparables a los de las «grandes dictaduras genocidas del siglo xx».

En junio de 2019, el programa de coeducación del Gobierno de Navarra, premiado por la Unesco, fue llevado a los tribunales por colectivos conservadores. Tras haber recibido tres denuncias ante el Tribunal Superior de Justicia de Navarra por considerar que «adoctrina a los niños» y está basado en la «ideología de género», el 14 de junio de 2019 las cinco personas que redactaron el programa y otras cinco que trabajan como tutores tuvieron que declarar ante este organismo.

Skolae es el único programa de coeducación en toda España que es obligatorio para todos los centros públicos y concertados, es decir, todos aquellos que reciben dinero público. También establece formación obligatoria a todo el profesorado de todos los claustros, así como facilidades para llevar la coeducación al aula. Consiste en cuatro ejes que marcan los contenidos: la capacidad crítica ante el sexismo y la capacidad para el cambio; la autonomía personal y la independencia económica —que es la responsabilidad en lo doméstico y la igualdad en lo público—; el liderazgo en igualdad y el empoderamiento de las niñas, y la educación sexual en igualdad. También hay ejes transversales que tienen que atravesar el centro educativo, como el uso no sexista del lenguaje, la visibilización de la realidad de las mujeres a lo largo de la historia, los patios, las extraescolares, la biblioteca, todo con perspectiva de género. El curso 2017/2018 se estableció como proyecto piloto en 16 centros de diferentes niveles educativos. El curso siguiente, había más de 100 centros con el programa instaurado. Se han formado unos 2.300 profesores y profesoras en estos dos años y ha llegado a 18.500 alumnos y alumnas.

Señalan Bracke y Paternotte que, aunque las visiones y el activismo antigénero pueden encontrarse en diferentes rincones ideológicos de la sociedad y no pueden reducirse al ámbito religioso en general ni a una tradición religiosa en particular, los movimientos que se han reunido bajo el concepto de «ideología de género» han sido impulsados por desarrollos teológicos, así como esfuerzos organizativos dentro de la Iglesia católica romana. Esto incluye una teología de la complementariedad de los sexos (inventada a finales del siglo xx).

Los autores ponen como ejemplo de la preocupación que existe en la jerarquía católica con todas las propuestas feministas y del movimiento LGTBI el discurso que el cardenal Robert Sarah, prefecto de la Congregación para el Culto Divino y la Disciplina de los Sacramentos, pronunció en octubre de 2015 en el Sínodo Ordinario sobre la Familia, en el que se atreve a comparar el feminismo y las reclamaciones de libertad e igualdad con el terrorismo de ISIS:

> Un discernimiento teológico nos permite ver que en nuestro tiempo hay dos amenazas inesperadas (casi como dos «bestias del apocalipsis») ubicadas en polos opuestos: de un lado, la idolatría a la libertad occidental; del otro, el fundamentalismo islámico: el secularismo ateo versus el fanatismo religioso. Para usar un eslogan, nos encontramos entre la ideología de género e ISIS. Las masacres islámicas y las demandas libertarias habitualmente se disputan la portada de los diarios. (¡Recordemos lo que pasó el último 26 de junio!).[9] De estas dos posiciones radicalizadas surgen las dos mayores amenazas para la familia: su desintegración subjetivista en el Occidente secularizado a través del divorcio fácil y rápido, el aborto, las uniones homosexuales, la eutanasia, etc. (teoría de género, las Femen, el *lobby* LGBT, IPPF [la Federación Internacional de Planificación Familiar]). Por otro lado, la pseudofamilia del islam ideologizado que legitima la poligamia, el servilismo de las mujeres, la esclavitud sexual, el matrimonio infantil, etc. (cf. Al Qaeda, Isis, Boko Haram).
>
> Varias claves nos permiten intuir que estos dos movimientos tienen el mismo origen demoníaco. [...] Es más, exigen una regulación universal y totalitaria, son violentamente intolerantes, destructores de las familias, la sociedad y la Iglesia, y son abiertamente cristianofóbicos.[10]

9. El 26 de junio de 2015 se produjeron ataques terroristas en Francia, Kuwait, Somalia y Túnez, y coincidió con el día en que la Corte Suprema de Estados Unidos se pronunció a favor de la igualdad para contraer matrimonio.

10. Sarah Bracke y David Paternotte (ed.), *op. cit.*, p. 14.

La «ideología de género» es, pues, una creación perfecta para el Vaticano, puesto que da coherencia a dos cuestiones con las que la Iglesia tiene una larga historia de lucha. Por un lado, la cuestión de las mujeres y, por el otro, la cuestión de la orientación sexual. Le ofrece así las conexiones políticas entre ámbitos diferentes, puesto que con una única expresión engloban la mayor parte de los temas a los que se oponen (feminismo, derechos sexuales y reproductivos —especialmente el aborto—, nuevas formas de familia, derechos de las personas LGTBI, transexualidad) y también amalgama actores distintos (feministas, activistas LGBTQ y personas expertas e investigadoras en feminismo y estudios de género) bajo la figura única de «el enemigo» que la Iglesia debe combatir.

Desde su surgimiento a mediados de los años 1990, el discurso antigénero del Vaticano ha sido producido como reacción a la desnaturalización del orden sexual realizada por las teóricas y activistas feministas. El Vaticano ha elegido el «género» como el emblema, la metonimia y la piedra angular de teorías que afirman que la masculinidad y la feminidad son construcciones sociales. Según el Vaticano, esta deconstrucción del orden sexual destruye el orden social. Esta visión de pesadilla del género se construyó tras la Conferencia Internacional de Naciones Unidas sobre Población y Desarrollo en El Cairo en 1994 y durante la Cuarta Conferencia Mundial sobre las Mujeres en Beijing al año siguiente. El Vaticano interpretó los temas que se discutieron durante estas reuniones (el lugar central de los derechos reproductivos y de salud, así como el empoderamiento de las mujeres y la igualdad de género) como señales de alarma acerca de la creciente influencia de esta ideología sobre las instituciones internacionales. Desde entonces, el Vaticano habla de las «feministas del género».

Pero 1995 no fue solamente el año de la condena a las así llamadas feministas del género. Unos meses antes de Beijing, el papa Juan Pablo II hizo una llamada a crear un «nuevo feminismo» que tenía que «reconocer y afirmar el verdadero genio de las mujeres en todos los aspectos de la vida en sociedad» y promover la «dignidad de la mujer» (Juan Pablo II, 1995). Este nuevo feminismo está basado en un sistema de disposiciones diferentes y complementarias (lo que el Vaticano llama «genio femenino» y «masculino») que vincula a dos grupos que son considerados naturales. Este sistema pretende reflejar «el orden natural», que ya está escrito sobre «cuerpos sexuados» que son diferentes. Así, el sexo se considera el origen natural de lugares diferentes y supuestamente complementarios que los hombres y las mujeres ocuparían dentro de la estructura social.

Aunque esta escisión entre un «feminismo de género» y un «nuevo feminismo» es nueva en sus términos específicos, en su significado y en su relevancia política, continúa una distinción más antigua entre «buen» y «mal» feminismo, que ya había sido establecida por el Vaticano y que viene del período posterior a la Segunda Guerra Mundial. Desde el papado de Pío XII (1939-1958) hasta Juan Pablo II (1978-2005), el Vaticano produjo una renovación radical de su discurso sobre la naturaleza de las mujeres como respuesta a los movimientos feministas y a los cambios sociales, políticos y jurídicos que estos promovieron. Necesitaba modernizarse, y en esta nueva mirada los hombres y las mujeres son vistos como «iguales en dignidad» pero diferentes y complementarios en naturaleza. Este argumento de la «igualdad dentro de la diferencia» fue reemplazando gradualmente la visión anterior del Vaticano de las mujeres como subordinadas a los hombres. Por consiguiente, el Vaticano comenzó a distinguir y a poner en oposición una «verdadera» y una «falsa emancipación» (Pío XII), así como un feminismo «auténtico» y uno «extremo».[11]

A juicio de Mary Anne Case, el Vaticano tuvo que inventarse ese «nuevo feminismo auténtico», puesto que precisamente en el catolicismo, con su jerarquía sacerdotal de hombres célibes, la glorificación de la virginidad y la vida monástica con segregación por sexos (la era de los monasterios dobles terminó en la alta Edad Media), no había nada en su larga tradición que pudiera encajar con la complementariedad.

Sara Garbagnoli profundiza aún más en la politización del lenguaje realizada por el Vaticano y explica que la ideología de género es producida mediante lo que desde el ámbito lingüístico se denominan «técnicas de deformación de la posición del enemigo». Es decir, se formula sobre la base de distorsionar y homogeneizar las numerosas teorías, herramientas analíticas y las percepciones que surgieron del feminismo, los estudios sobre género y sexualidad o del movimiento LGTBI. Este recurso funciona como un discurso sumamente variable y adaptable al cual es difícil responder porque esta deformación mezcla elementos y afirmaciones sobre el género tanto precisos como inexactos. Esta técnica tiene, al menos, tres efectos. En primer lugar, el discurso an-

11. Sarah Bracke y David Paternotte (ed.), *op. cit.*, pp. 56-57.

tigénero puede impresionar a los legisladores y responsables de políticas públicas y también debilitar la legitimidad social de los actores a los que ataca. En segundo lugar, el desorden producido por el término «género» como ha sido configurado por el Vaticano amplifica la equivocidad del concepto. Según donde se use, tiene distintos y contradictorios significados que Garbagnoli llega a calificar de «interincomprensión» estructural. En tercer lugar, la «ideología de género» busca legitimar el discurso antigénero como racional y científico, que defiende «lo que es humano».[12]

A modo de ejemplo, a comienzos de 2017, algunas campañas antigénero estallaron en el contexto de la Reforma Constitucional del Distrito Federal en México y un autobús «antigénero» circuló por el país y después por la región, llegando a Chile justo antes de la votación final de la reforma de la ley del aborto. Enseguida, una campaña contra la «ideología de género» en el sistema de educación pública estalló en Uruguay, mientras en Ecuador los grupos conservadores religiosos atacaron violentamente una ley contra la violencia de género. En noviembre, cuando la filósofa Judith Butler visitaba Brasil, una efigie suya fue quemada en una protesta en São Paulo, escena que ya anunciaba el clima de las elecciones de 2018. Poco tiempo después, la Corte Constitucional Boliviana derogó una ley de identidad de género recientemente aprobada, argumentando que la dignidad de la persona humana tiene su raíz en el sexo binario.[13]

12. *Ibid.*, p. 61.
13. *Ibid.*, p. 7.

En febrero de 2019, la asociación HazteOir.org puso en marcha un autobús que circuló por España hasta el 8 de marzo con el eslogan «#StopFeminazis. No es violencia de género, es violencia doméstica» y con la petición a los partidos políticos de derechas de que derogasen las leyes de género. En el autobús se pudo ver una cara de Hitler con los labios pintados y el símbolo feminista en la frente. El vehículo recorrió las calles de Madrid, Valencia, Barcelona, Sevilla, Cádiz y Pamplona. Dos años antes, en febrero de 2017, la misma organización llevó a cabo una acción propagandística insertada también en autobuses que recorrieron distintas ciudades españolas en los que se leía «Los niños tienen pene; las niñas tienen vulva. Que no te engañen. Si naces hombre, eres hombre. Si eres mujer, seguirás siéndolo».

VIENTRES DE ALQUILER. EL MERCADO DE LOS DESEOS

La presión por hacer legal el alquiler de vientres de mujeres para la gestación de hijos e hijas que, una vez nacidos (y si están en condiciones óptimas de salud), serán separados de su madre y entregados a quienes la han alquilado para gestar y parir es otra de las cuestiones de la agenda sobrevenida a la que se enfrenta el feminismo de la cuarta ola. En este caso, el neolenguaje se desarrolla hasta límites insospechados. Como señala Núria González, defender la gestación subrogada, la gestación altruista, hablar de padres comitentes o del producto no es lo mismo que defender los vientres de alquiler, los padres contratantes, la compraventa de cuerpos o los niños y niñas mercantilizados. González da un paso más y reflexiona acerca de cómo sobre ese neolenguaje, en el caso de los vientres de alquiler, se construye el «neoderecho», entendido como el éxito de conseguir que una aspiración, tras haberla normalizado y popularizado, se convierta en algo legítimo. Es decir, el deseo convertido en ley. Hay que disfrazar mucho las palabras para que se considere legítima la compraventa de seres humanos, con intermediarios lucrándose en cada operación.[14]

Así, la cultura neoliberal y la economía de mercado han generado un proyecto de vida basado en tener deseos y satisfacerlos. Unos deseos que el mercado convierte en derechos (del consumidor o del cliente) y que únicamente se encuentran sometidos a la capacidad económica de cada cual, puesto que los límites legales se saltan con la capacidad económica suficiente. En el caso de España, a pesar de que los vientres de alquiler están prohibidos tanto en la legislación específica como en el Código Penal, se calcula que son adquiridas mediante esta práctica mil criaturas al año.[15]

14. Núria González, *Vientres de alquiler*, Madrid, LoQueNoExiste, 2019, pp. 23-24.

15. La Ley 14/2006 de Técnicas de Reproducción Humana Asistida, contempla la nulidad de los contratos de vientres de alquiler (art. 10). De igual manera, la sentencia del Tribunal Supremo 247/2014 de 6 de febrero. También el Código Penal, en su artículo 221: «1. Los que, mediando compensación económica, entreguen a otra persona un hijo, descendiente o cualquier menor aunque no concurra relación de filiación o parentesco, eludiendo los procedimientos legales de la guarda, acogimiento o adopción, con la finalidad de establecer una relación análoga a la de filiación, serán castigados con las penas de prisión de uno a cinco años y de inhabilitación especial para el ejercicio del derecho de la patria potestad, tutela, curatela o guarda por tiempo de cuatro a 10 años.

»2. Con la misma pena serán castigados la persona que lo reciba y el intermediario, aunque la entrega del menor se hubiese efectuado en país extranjero».

Todo ello en un contexto en el que el precio y el dinero —según las tesis de Simmel—[16] parecen liberar a quien consume de cualquier responsabilidad ética o moral. Centenares de páginas web ofrecen servicios de vientres de alquiler. Durante las últimas décadas, solo en Estados Unidos se calcula que el número de gestantes al servicio del *baby business* ronda las 25.000 mujeres. Un negocio que, como todos los demás, se esfuerza en aumentar beneficios y las empresas dedicadas a él, en incrementar su competitividad. Claro que en el caso de los vientres de alquiler se han centrado fundamentalmente en reducir los costes de producción, garantizar la satisfacción del cliente y evitar costosos litigios judiciales en caso de conflicto con las madres, que, traducido, significa que es práctica habitual que el óvulo se adquiera de una mujer caucásica, que es la carga genética más solicitada, pero que la gestación se abarate utilizando una mujer hindú. Con este procedimiento deslocalizado se garantiza que los rasgos fenotípicos de la criatura se ajusten a una demanda racializada (cuando no racista), se evita que la gestante reclame sus derechos de maternidad sobre una criatura que no porta sus genes y se reducen costes en el proceso de gestación. Según Sandel, en el año 2012 la retribución que recibía una gestante californiana rondaba los 25.000 euros, mientras que una hindú percibía un promedio de 6.000 dólares.[17] Informaciones más recientes apuntan que en el caso de la India la remuneración de la gestante responde, cada vez más, a criterios arbitrarios y su coste, a su vez, ha ido

16. Georg Simmel, *The Philosophy of money*, Londres, Rotledge, 1990.
17. Michael J. Sandel, *Lo que el dinero no puede comprar*, Madrid, Debate, 2013, p. 118.

descendiendo durante los últimos años, rondando los 4.500 dólares en el caso de la India y los 10.000 dólares en California.[18]

El feminismo de la cuarta ola no puede eludir el fenómeno de los vientres de alquiler porque, como señala Laura Nuño, si bien la apropiación del cuerpo, la sexualidad y la capacidad reproductiva de las mujeres no es un hecho nuevo, mercantilizar la disolución del vínculo existente entre gestación y maternidad representa, sin embargo, una novedad según la cual las mujeres son seres destinados a custodiar y parir lo que otros crean y desean. Tal como lo relató Margaret Atwood en 1984 en su libro *El cuento de la criada*, con una pequeña diferencia. Cuando Atwood escribió el libro, se trataba de una distopía; ahora, leer el libro perturba por su parecido con ciertas realidades y discursos cada vez más habituales y normalizados.

Núria González se remonta a la Biblia, al Libro del Génesis, para documentar el primer caso registrado en una obra escrita de vientre de alquiler. En el capítulo 16, se relata el nacimiento de Ismael cuando Sarai, mujer de Abraham, no le daba hijos y ella tenía una esclava egipcia que se llamaba Agar. Dijo pues Sarai a Abraham que como el Señor le había negado la posibilidad de tener hijos, y ya que «tenían» una mujer esclava, tendría hijos a través de ella. Así, le pidió a su marido que «tomara» a la esclava para concebir. Es el mismo relato que utiliza Atwood en *El cuento de la criada*,

18. Laura Nuño, «Una nueva cláusula del Contrato Sexual: vientres de alquiler», *Isegoría. Revista de Filosofía Moral y Política*, n.º 55, julio-diciembre, 2016, 683-700, ISSN: 1130-2097. http://isegoria.revistas.csic.es/index.php/isegoria/article/view/961/959

también sin compensación alguna, puesto que «las criadas» también son esclavas. El primer caso de vientre de alquiler no novelado es mucho más reciente. Fue en 1976 en California y se realizó a través de una inseminación artificial financiada por el abogado Noel Keane, creador de la primera agencia dedicada a este negocio, la Surrogate Family Service Inc.[19]

El primer caso médico ocurrió también en Estados Unidos, en 1985. Es el conocido caso «Baby M.», en el que la mujer gestante, Mary Beth Whitehead, de 29 años, firmó un contrato por el que se comprometía a tener un hijo para William y Elizabeth Stern. En el contrato se establecía que Whitehead accedía a que, en el mejor interés del niño, no desarrollaría ni intentaría desarrollar una relación madre-hijo con el niño y dejaría la custodia a William Stern, padre natural, inmediatamente después del nacimiento del niño y renunciaría a todo derecho materno relacionado con el niño. Según el acuerdo, en total William y Elizabeth Stern pagarían 25.000 dólares al centro de Infertilidad, de ellos Whitehead recibiría 10.000 dólares como compensación por los servicios y 5.000 se destinarían a gastos médicos, legales y seguros. Pero el primer contrato de vientre de alquiler terminó de manera conflictiva, porque, después de nacer su hija, Whitehead y su marido decidieron no entregarla al matrimonio comitente. La madre gestante había sido inseminada con semen del varón de la pareja comitente y los tribunales, después de muchas apelaciones, otorgaron la custodia de la niña al

19. Núria González, *op. cit.*, pp. 30-31.

padre biológico, permitiendo tan solo visitas a la madre biológica.[20]

Por todo ello, la gestación comercial remite a una nueva noción de ciudadanía censitaria según la cual solo aquellas personas con capacidad económica suficiente tienen garantizada descendencia a demanda. Una «bioética para privilegiados» donde las agencias mediadoras ofrecen todo tipo de servicios con una cartera variable de precios y prestaciones: desde la organización del traslado del cliente al país de compra, servicios médicos y jurídicos, posibilidad de reemplazar la lotería genética por la selección genética, elección de las características de la gestante y, si se precisa, ovocitos de «donantes bellas, sanas e inteligentes», como reza el eslogan de las subastas de óvulos de jóvenes modelos organizada por Ron Harris (productor de Playboy). La foto de las mujeres y sus características físicas se ofrecía a los compradores inscritos en la página web Ron's Angels. La puja de los ovocitos de cada modelo se abría en 15.000 dólares y, en algunos casos, llegó a alcanzar cifras cercanas a los 150.000 dólares. La página obtuvo, desde el año 1999 hasta 2005, casi cuarenta millones de dólares de beneficios.

Así pues, se trata de una reproducción humana deslocalizada según criterios de oferta y demanda, abaratamiento de costes, incremento de beneficios y satisfacción del cliente. Los exhaustivos contratos de gestación incluyen desde el Diagnóstico Genético Preimplantatorio (DGP) para descartar la propensión a enfermedades, la penaliza-

20. *Ibid.*, p. 31.

ción económica o las condiciones de una posible cancelación y las normas de conducta, o hasta los hábitos de vida de la gestante (incluida movilidad, medicación, régimen alimenticio o prácticas sexuales). Previo pago, todo está disponible en el mercado de los deseos.[21]

De cómo la prostitución se ha convertido en el sistema prostitucional

Para Kajsa Ekis Ekman, la ideología del «trabajo sexual» y de los vientres de alquiler no es sino las dos caras de una misma moneda, de un mismo fenómeno. Se trata de dos industrias que se asemejan demasiado: ambas perpetúan la ideología que sostiene que el cuerpo de las mujeres existe para la satisfacción y los objetivos y deseos de otros.

En verdad, no podríamos hablar de la prostitución como agenda sobrevenida, puesto que no es un tema nuevo, desde luego, como tampoco es nueva la controversia respecto a él en el seno del movimiento feminista. Lo que tiene de sobrevenido y de novedad es, como ya hemos señalado varias veces a lo largo de este libro, la irrupción del capitalismo neoliberal. Este ha convertido la prostitución en lo que algunas autoras denominan ya el «sistema prostitucional» y, con ello, ha posicionado a buena parte del feminismo en una postura abolicionista sin fisuras, identificando dicho sistema como un conjunto estructurado y racionalmente entrelazado de actores e intereses que han institucionalizado e

21. *Ibid.*

institucionalizan la subordinación de las mujeres y su permanente disponibilidad para los varones.[22]

El salto conceptual que va desde «la prostitución» al «sistema prostitucional» supone no solo reproblematizar la prostitución sacándola de los estrechos márgenes en los que tradicionalmente se había encasillado el fenómeno, como si este fuese ahistórico y apolítico, sino que también aleja el estudio de la prostitución del mito de la libre elección en el que ha estado inmersa en los últimos años. La situación económica, la actividad migratoria, el turismo sexual o el poder simbólico, por poner solo cuatro ejemplos de factores determinantes, son ámbitos ineludibles que, sin embargo, el marco de la prostitución como una cuestión de elección personal niega. La reconceptualización de la prostitución en «sistema prostitucional» supone también politizarla.

Veamos la reflexión de Beatriz Gimeno:

Me resulta sorprendente que haya un sector de la izquierda que solo cuando hablamos de prostitución no politice, no vea ni estructura ni sistema de dominación. Piensan la prostitución como colgando de la nada y en ella solo se puede considerar la voluntad de putas y puteros. ¿Por qué resulta tan difícil hacer análisis políticos de una institución que afecta de manera tan fundamental a las relaciones de género? ¿Por qué no se preguntan para qué sirve la prostitución y si esa función es compatible con la igualdad? ¿La prostitución está ahí sin nada que ver con el patriarcado, con la estructura de desigual-

22. Laura Nuño y Ana de Miguel (dirs.), *Elementos para una teoría crítica del sistema prostitucional*, Granada, Las Comares, 2017, pp. VII-XIX.

dad, no influye, no la fortalece? ¿No hay relación de la prostitución con el sistema patriarcal de imaginarios sexuales y sociales que nos configura? ¿Nada? ¿No tiene la prostitución ninguna relación con la política sexual más allá de las invocaciones a la libre decisión de las mujeres? Siempre me ha sorprendido la capacidad de muchos para no ver, solo cuando hablamos de prostitución, la enorme cantidad de dolor humano, de mujeres, que está justo delante nuestro.[23]

Hay varias teorías para explicar la razón por la que personas sensibles a la desigualdad consiguen en este caso percibirla como algo que no depende de las estructuras de dominación, de los sistemas que la crean y mantienen: patriarcado y capitalismo. Una de las teorías más socorrida para explicar esto es la atracción que suscita todo lo que huela a transgresión, especialmente si es sexual. Pero la transgresión en la prostitución es de cartón piedra. Es una institución milenaria, creada para mantener la ideología sexual patriarcal y su correspondiente privilegio masculino, que ha estado históricamente regulada, prácticamente siempre, y que ha sido defendida por el poder, desde el eclesial hasta el civil. Su supuesto poder transgresor es la luz de neón rojo que anima a los hombres a entrar en un mundo en él podrán volver a ser los reyes que están dejando de ser. Digamos que ahí ellos recargan una masculinidad amenazada. Y ahí se alivian también muchas tensiones sociales de las que está provocando el feminismo. Recordemos que lo primero que un ejército hace con sus tropas en situaciones de conflicto, o las empresas extractivas con sus trabajadores, es enviarles mujeres.

Otra razón es que la prostitución es el mayor privilegio masculino. Todos los varones de este planeta, todos, desde un

23. Beatriz Gimeno, «A vueltas con la prostitución», *eldiario.es*, 1 de septiembre de 2018. https://www.eldiario.es/tribunaabierta/vueltas-pros titucion_6_809879009.html

escolar de Nueva York a un chico que viva en un suburbio en una ciudad africana saben, desde que tienen uso de razón, que por un precio siempre adecuado a sus posibilidades tendrán derecho a acceder al cuerpo de tantas mujeres como deseen, siempre, para todos los bolsillos. Recordemos: todos los hombres, en cualquier lugar, la usen o no, la institución está ahí para ellos, conformando su imaginario, colaborando en la socialización masculina, en cómo se entienden a sí mismos y cómo entienden el mundo. Porque la prostitución es el modelo de aprendizaje, informal pero ubicuo, de relación entre los sexos y nadie con buena voluntad puede sostener que su existencia, y sobre todo su legitimación cultural, social y política, no afecta a dicha relación.

Aceptamos que los roles de género se aprenden en la cultura y por eso mismo nos esforzamos en incidir en la educación, las noticias, la publicidad, el cine etc., pero llega la prostitución y, de manera misteriosa, no parece incidir nada en la manera en la que los chicos se educan sexualmente y en la manera en que consideran a las mujeres; nada. Si aceptamos eso más vale que dejemos de esforzarnos en el feminismo, porque resultará absurdo protestar por, por ejemplo, una publicidad que nos parezca machista mientras que dos metros más allá se ofertan chicas nuevas y complacientes. O de esforzarnos en la educación de los adolescentes si aprenden que, por el hecho de ser varones, tienen acceso a todas las mujeres que deseen. Luego vete a contarles que ellos son iguales a sus novias; saben que no es así.[24]

La prostitución es «una institución básica de las sociedades patriarcales». Lejos de desaparecer, en los últimos años se está viviendo un incremento del tráfico de mujeres

24. *Ibid.*

y de la expansión de la denominada «industria del sexo» (femenino) —apellido que habitualmente se elude—, y está íntimamente relacionada con las políticas migratorias, la reciente crisis económica mundial, la feminización de la pobreza y la transformación de las economías de mercado en sociedades de mercado. Es decir, lejos de la libre elección, el mercado prostitucional se alimenta, fundamentalmente, de la trata de mujeres, teniendo en cuenta que trata no es sinónimo de rapto o secuestro, sino que implica diferentes estrategias de captación y coacción.

De nuevo son los años ochenta del siglo xx los que marcan el cambio entre la prostitución y la gran industria del sexo —la segunda o tercera, según las zonas, fuente de beneficios de las economías ilícitas: venta de armas, venta de drogas, venta de mujeres—. Señala Rosa Cobo que esta industria crece en la intersección de dos procesos: la reorganización de la economía global y el rearme patriarcal, por lo que la califica de la «pieza central de la reacción patriarcal en términos materiales y simbólicos». Tan incrustada está en nuestras sociedades que ni siquiera existen apenas indicadores y datos actualizados sobre la prostitución, una realidad que evidencia en sí misma cómo el sistema prostitucional se protege de miradas críticas y actúa con el desdén patriarcal hacia la violencia de género. Sin embargo, sí existen datos sobre el turismo sexual y la contabilización de la prostitución en el PIB de la eurozona, datos ambos tan elocuentes en su lectura económica como política.

La prostitución es hoy un mercado global que satisface una demanda potencialmente ilimitada con mujeres pobres. Para que la industria funcione tiene que haber putas y puteros. Para que haya suficientes putas tiene que haber suficientes mujeres pobres y sin oportunidades. Cuando educas a las niñas y trabajas en sus oportunidades, el resultado es que estas ya no se dedican tan fácilmente a la prostitución. Eso significa que para algunos países pobres es significativamente más productivo dedicar a sus niñas a la prostitución que educarlas. Esto ya lo reconoció el Banco Mundial cuando aconsejó a los países endeudados que pagaran la deuda dedicando a sus mujeres al mercado del «ocio masculino». En este caso, lo que desaparece es el derecho de estas niñas y mujeres pobres a no ser prostituidas; ese derecho no existe para ellas. ¿Qué incentivos tienen estos países para educar a las niñas o hacer políticas de igualdad si, al hacerlas, reducirán, en lo inmediato, su PIB? ¿Por qué en este caso no relacionamos la legitimación de la prostitución con el crecimiento exponencial de un mercado global de mujeres y, sobre todo, por qué no lo combatimos?[25]

Es enorme el poder simbólico que supone para el patriarcado la construcción de un imaginario en el que no solo es posible, sino también fácil, asequible y legítimo socialmente el acceso de cualquier varón a un contingente de mujeres dispuestas para satisfacer sus deseos de forma inmediata y permanente: 24 horas los 365 días del año. Un poder simbólico que ha conseguido que sociedades formalmente igualitarias legitimen al putero y reprueben a las mujeres prostituidas. El sistema prostitucional condiciona íntimamente el modelo de sociedad que habitamos más allá del sistema político o económico.

25. *Ibid*.

Dice Nancy Fraser que la prostitución es perniciosa no por el sexo, sino porque codifica significados que son dañinos para las mujeres como clase; que lo que la prostitución vende en el capitalismo tardío es la fantasía masculina de «derechos sexuales masculinos», aquellos que el feminismo ha conseguido fragilizar. Nadie lo ha dicho más claro que el inefable exjuez Francisco Serrano, convertido tras las elecciones andaluzas de diciembre de 2018 en presidente del grupo parlamentario de Vox en el Parlamento andaluz. Tras conocer la sentencia del Tribunal Supremo que condenaba por violación a los cinco miembros de La Manada, Serrano escribía un explícito tuit: «Nos encontramos ante la paradoja progre en la cual la relación más segura entre un hombre y una mujer será únicamente a través de la prostitución. Desde ahora, la diferencia entre tener sexo gratis y pagando es que gratis te puede salir más caro. Es muy triste». Para Serrano, una prostituta no es violable; pagar te da derecho a hacer lo que te dé la gana. La seguridad para el hombre no es el deseo mutuo, el consentimiento, el consenso; es la impunidad.

La prostitución es, en realidad, muy simple, afirma Kajsa Ekis Ekman. Es sexo entre dos personas: una que quiere y otra que no. Como el deseo está ausente, el pago ocupa su lugar. El hecho de que los varones busquen y encuentren placer sexual en personas que obviamente no los desean en absoluto es, sin duda, una importante materia de reflexión sobre el abismo que se abre bajo la aparente igualdad y reciprocidad en las expectativas y vivencias sobre la sexualidad entre las y los jóvenes. Esta desigualdad de deseo es la base de toda prostitución, ya sea «el servicio de acompañantes de personalidades importantes» o la esclavitud moderna de la trata. La misma condición está siempre presente: una persona quiere tener sexo y la otra no. Este es solo uno de los problemas asociados con la prostitución. También están la violencia, la pobreza, las tasas de mortalidad elevadas, los proxenetas —ya se trate de la mafia o el Estado— y toda la industria que se nutre de la desigualdad de deseos.[26]

Si el fin último del feminismo es acabar con el patriarcado y este no es invencible, como decíamos, uno de los objetivos claros de esta cuarta ola sería acabar con el sistema prostitucional, lo que tampoco es imposible, como demuestra la ley sueca aprobada en 1998 por la que se prohíbe la compra de servicios sexuales. Una ley pionera, dirigida a los compradores, los grandes ausentes en el debate sobre la prostitución, que habitualmente se trata como si fuese un tema «de mujeres». La ley sueca establece que cualquiera tiene derecho de *vender* sexo, pero su compra está prohibida. La «novedosa» lógica detrás de esta ley es que se considera la prostitución como un aspecto de la violencia masculina contra mujeres, niñas y niños. Se reconoce oficialmente como una forma de explotación y un problema social significativo. «La igualdad de género continuará siendo inalcanzable mientras los hombres compren, vendan y exploten a mujeres, niñas y niños prostituyéndolos», resume la filosofía de la ley.

26. Kajsa Ekis Ekman, *El ser y la mercancía. Prostitución, vientres de alquiler y disociación*, Barcelona, Edicions Bellaterra, 2017, p. 35.

Las estrategias de la cuarta ola

Ciberfeminismo. «Prefiero ser una *cyborg* a una diosa»

Internet está siendo una herramienta fundamental en el desarrollo de la cuarta ola que definíamos como ciberactivista. Por un lado, como medio de comunicación alternativo: se elaboran informaciones propias, permite distribuir información de forma masiva e inmediata, se debaten propuestas o nuevos planteamientos, conecta al movimiento mundial y es posible acceder a través de la red a textos, biografías o documentos que no se encuentran en los circuitos comerciales. Por otro lado, la red es el instrumento perfecto para organizar campañas tanto locales como mundiales entre un colectivo siempre falto de tiempo y de recursos. Además, en internet se están proponiendo nuevas formas de creatividad feminista que, por añadidura, son fácilmente compartidas. Así, se puede hablar de una potente corriente, el ciberfeminismo, que, como mínimo, tiene tres ramas desarrollándose con fuerza: la creación, la información alternativa y el activismo social.

El actual imaginario ciberfeminista se asienta sobre el *Manifiesto para cyborgs* que Donna Haraway publica en 1984. Haraway nació en Denver (Colorado), cuando aún no había acabado la Segunda Guerra Mundial, en 1944, y fue una estudiante brillante y curiosa, seguro, como muestra que se graduase en 1966 en Zoología y Filosofía. Más tarde se doctoraría en Biología. Sus estudios de Filosofía de la Evolución fueron fundamentales en su tesis, enmarcada en la biología del desarrollo, defendida en la Universidad de Yale en 1972. Antes, su parte de filósofa la llevó al París del mayo del 68. En la actualidad, es profesora de la Historia de la Conciencia de la Universidad de California, centrándose en Teoría del Feminismo y Tecnociencia. Con el *Manifiesto para cyborgs* se propuso, dice, «construir un irónico mito político fiel al feminismo, al socialismo y al materialismo» y lo presenta con contundencia y un lenguaje propio: «Las páginas que siguen son un esfuerzo blasfematorio destinado a construir un irónico mito político fiel al feminismo, al socialismo y al materialismo [...] En el centro de mi irónica fe, mi blasfemia es la imagen del *cyborg*», para acabar manifestando que «prefiero ser una *cyborg* a una diosa».

Haraway incita con su manifiesto a entrar en un universo transfronterizo y a imaginar «un mundo sin géneros, sin génesis y, quizá, sin fin». En esa deconstrucción entre mundos nos señala tres rupturas fundamentales: la ideología determinista biológica; la determinación tecnológica y la imprecisión entre los límites entre lo físico y lo no físico. Es en ese mundo difuso donde nace la cíborg y donde podemos encontrar fronteras transgredidas, fusiones poderosas y posibilidades peligrosas que gentes progresistas pueden explorar como parte de un necesario trabajo político. Sentadas las bases por Haraway, el ciberfeminismo comienza a caminar como familia feminista en el Primer Encuentro Internacional Ciberfeminista celebrado en Kassel, Alemania, en 1997 —organizado por las OBN, colectivo liderado por la alemana Cornelia Sollfrank, también pionera del ciberfeminismo de los años noventa, en el seno de la Documenta X, una de las muestras internacionales de arte contemporáneo más relevantes—. De aquel pionero encuentro nacieron las *100 Anti-Tesis*. Así, el ciberfeminismo nació cien veces no definido en un texto irónico, al estilo Haraway, en el que se va enumerando, hasta cien veces, lo que el ciberfeminismo no es: no es ideología, no es un arma arrojadiza, no es teoría, no es praxis, no es posmoderno, no es dogmático, no habla una sola lengua, no es una banana, *no es una película de miedo*, no es un maquillaje...

En 1991, en Australia, el colectivo VNS Matrix ya había lanzado el *Manifiesto ciberfeminista para el siglo XXI*, aún más provocador que las 100 Anti-Tesis y casi al mismo tiempo, Sadie Plant —referente del ciberfeminismo junto a Haraway— proponía una primera definición en la que caracteriza el ciberfeminismo como una cooperación entre mujer, máquina y nuevas tecnologías. Cornelia Sollfrank propone que el ciberfeminismo es un feminismo, por supuesto, enfocado al medio digital. Un vehículo de discusión de ciertos métodos en teoría, arte y política, la versión actualizada del feminismo dedicada a una nueva distribución política. Y se arriesga a hacer su pequeña historia del ciberfeminismo:

La invención del Ciberfeminismo data de 1992. De manera independiente tanto la teórica cultural inglesa Sadie Plant como el grupo de artistas australianas VNS Matrix comenzaron a usar el término. Este resultó de la simple fusión de «ciberespacio» y «feminismo». Es interesante destacar la apuesta que se hizo a favor del prefijo «ciber» y no «tecno» o «virtual» como indicativo de algo novedoso. «Ciber» deriva realmente de la palabra cibernética. Norbert Wiener, fundador de la cibernética, basó sus teorías en la suposición de que existe una analogía entre los sistemas orgánicos y tecnológicos regulados, que transmiten y procesan la información. A mediados de los ochenta, el autor de ciencia-ficción William Gibson agregó otro significado más al original en su trilogía ciberpunk. Él creó el ciberespacio, el mundo virtual de los trabajos electrónicos en red, un espacio etéreo de alucinación colectiva. En el ciberespacio el cuerpo se desvanece existiendo solo como flujo corporal. Esta visión indica claramente una fantasía holística y quizá incluso sexista, puesto que las mujeres son mayormente consideradas como mujeres-robot (fembots) y ciber-niñas (cyberbabes). A partir de estas ideas sexistas inherentes al mundo cibernético, la adhesión a este del feminismo supone un giro irónico y ofrece espacios de interpretaciones alternativas sobre lo que el ciberespacio podría ser.[27]

Sadie Plant, en su libro *Ceros+Unos* (1997), asocia el término a la relación entre mujer y tecnología, que describe como íntima y subversiva. Desde esta perspectiva define el ciberfeminismo como «una insurrección sobre parte de las mercancías y materiales del mundo patriarcal, una dispersión, una emergencia distribuida hecha de enlaces entre mujeres, mujeres y ordenadores, y comunicaciones, enlaces, conexiones y enlaces», también como «la respuesta teórica al hecho de que cada vez más mujeres aporten su innovador impulso dentro del arte electrónico y las tecnologías virtuales». La visión de Plant siempre ha sido considerada excesivamente optimista (incluso ella misma lo ha reconocido) y argumenta la íntima relación entre mujer y tecnología defendiendo que «el significado femenino va unido al de digitalización de la sociedad». De hecho, en *Ceros+Unos* recu-

27. Cornelia Sollfrank, «La verdad sobre el ciberfeminismo», texto traducido para la exposición *Habitar en (punto)net*. http://www.reme diosszafra.net/mcv/pensamiento/tx/text_cs_c.html

pera la historia de la cibernética visibilizando el trabajo de las mujeres en las tecnologías.[28]

Sollfrank señala que las creadoras del término ciberfeminismo lo utilizan de maneras muy divergentes. Más allá de estas diferencias en los orígenes —las ideas sobre «lo femenino» y la relación construida entre la mujer y la tecnología— hay, todavía, otras muchas diferencias: las formas en que el término es utilizado por la nueva «generación» de ciberfeministas, que usan la expresión para referirse a proyectos, ideas, movimientos, ideales, actitudes y actividades heterogéneos. De manera que en un breve espacio de tiempo el término ciberfeminismo se ha apropiado de formas muy originales. Además, el ciberfeminismo está en el contexto artístico, político y científico. Su propósito más claro sugiere una demanda o estrategia política.

No todas las autoras son tan optimistas como Plant. Así, Sandy Stone, teórica trans y autora de *¿Se pondrá, por favor, el cuerpo real en pie?* (1992), propone una reflexión sobre cómo las diferencias de género son también observables en el ciberespacio, es decir, en muchas ocasiones se producen y reproducen cuerpos sexuados y sus diferencias en el ciberespacio, tal como ocurre en la sociedad. Tal vez la voz más crítica sea la australiana Judy Wajcman, quien en su libro *Tecnofeminismo* (2004) analiza las distintas maneras en que las tecnologías tienen género, tanto en su diseño como en su utilización, y subraya las dos caras de estas. Así, por un lado, afirma que la realidad virtual es un nuevo espacio para

28. Remedios Zafra, «Ciberfeminismo bases y propuestas en un mundo global». http://www.remedioszafra.net/mcv/pensamiento/tx/text_rz3.html

socavar viejas relaciones sociales, un lugar de libertad y de liberación de los roles de género convencionales. Añade Wajcman que las redes electrónicas brindan a las mujeres nuevas oportunidades de intercambio de información a escala global y de democracia participativa, y es obvia la eficacia de internet en la movilización política, de manera que la red es susceptible de que las mujeres la apliquen a sus propios fines sociales y políticos, lo que resulta altamente subversivo.[29]

Pero, por otro lado, Wajcman explica cómo internet, a pesar de todo lo dicho anteriormente, está marcada por sus orígenes militares y el mundo de los hackers varones blancos que la engendraron. La utilización que en la actualidad hacen de la web las corporaciones transnacionales, los mercados financieros, las redes criminales de ámbito global, los estrategas militares y los racistas internacionales es un medio para evadir la regulación social, para afianzar el control político y para concentrar el poder económico. Los varones siguen dominando ampliamente las instituciones y los grupos de este tipo, y existen unos diferenciales de género pronunciadísimos en el acceso a las redes electrónicas y en su control. Además, deberíamos lamentar el auge masivo de páginas web dedicadas a la pornografía, que figuran entre los sitios más visitados y más rentables. El acoso sexual, el mercado internacional del sexo, las redes pedófilas y la ansiedad que produce la vulnerabilidad infantil son los puntos de mira de esta perspectiva. En esta visión apocalíptica, la tecnociencia está profundamente arraigada en el

---

29. Judy Wajcman, *El tecnofeminismo*, Madrid, Cátedra, 2006, p. 12.

proyecto masculino de dominación y de control de las mujeres y de la naturaleza, además de que las nuevas formas de trabajo en la economía del conocimiento repiten los viejos modelos de explotación y de segregación de género en el mercado laboral.[30] Así pues, ¿tecnofobia o tecnofilia? ¿Puede el feminismo abrir un camino intermedio?, se pregunta Wajcman.

Dentro del ciberfeminismo, el camino que más desarrollo ha tenido y que caracteriza la cuarta ola es el ciberactivismo en su doble vertiente de movilización y de contrainformación e información alternativa, rompiendo la barrera del control de los medios de comunicación. La mayor parte de las grandes movilizaciones que se han producido en la cuarta ola nacieron en la red —desde la marcha contra el presidente Trump, hasta el Tren de la Libertad en España; desde la campaña de oposición al presidente brasileño Bolsonaro hasta el #MeToo— o se desarrollaron en plenitud gracias a ella —la convocatoria de paro de 2017 o de huelga de 2018—. También las grandes campañas de denuncia, desde las puntuales —retirada de publicidad sexista— hasta las genéricas —cuestionamiento del relato mediático de la violencia de género—. Su origen podemos situarlo en la Asociación para el Progreso de las Comunicaciones (APC), una red internacional de organizaciones de la sociedad civil fundada en 1990 para proporcionar infraestructura de comunicaciones, incluyendo aplicaciones de internet, a grupos e individuos que trabajaban por la paz, los derechos humanos, la protección del ambiente y la sustentabilidad. En

30. *Ibid.*, pp. 13-15.

1992 comenzaba oficialmente el programa de Apoyo a Redes de Mujeres de APC (APC-PARM) con intención de utilizar las nuevas tecnologías para el empoderamiento de las mujeres en el mundo.

ECOFEMINISMO. LA RESPUESTA NO ESTÁ EN EL VIENTO, ESTÁ EN EL PATRIARCADO

En el ecofeminismo se aúnan tres movimientos: el feminista, el ecológico y el de la espiritualidad femenina. Así lo define la Women's Environmental Network, «la red de mujeres ambientalistas». Aunque también dentro del propio ecofeminismo hay varias corrientes, lo característico es su capacidad de construcción y no solo de defensa ante el arrollador desarrollismo sexista. En los países del sur, son las mujeres quienes controlan todas las fases del ciclo alimentario. Se calcula que en América Latina y Asia, las mujeres producen más del 50 % o de los alimentos disponibles, cifra que en África llega al 80 %. Pero también son ellas quienes se encargan de conseguir el agua y la leña. A cambio, estas mujeres son dueñas del 1 % de la propiedad y su acceso a créditos, ayudas, educación y cultura está tremendamente restringido. Las ecofeministas fueron las primeras en dar la voz de alarma acerca de que la pobreza cada vez tiene más rostro de mujer.

Las ecofeministas reivindican a Ráchale Carson como «la primera voz», tras haber publicado en 1962 el libro *Primavera silenciosa*. En su obra ya denunciaba cómo los avances tecnológicos precipitaban una crisis ecológica y marcó un nuevo camino frente al riesgo de que la agroquímica industrial pudiera dar a luz a una «primavera silenciosa» sin el canto de pájaros ni el ruido de los insectos. El término se acuñó años después, fue Françoise d'Eubonne en su obra *El feminismo o la muerte*, publicada en 1974, donde se usa por primera vez. Entre los movimientos más reconocidos está Chipko, de la India, difundido por Vandana Shiva, y el Movimiento del Cinturón Verde, de Kenia, liderado por Wangari Maathai, ambas Premio Nobel Alternativo. Maathai también ha sido galardonada con el Nobel de la Paz en 2004.

Las ecofeministas, además de desarrollar su propia teoría como corriente feminista y realizar estudios sobre dioxinas, contaminación o nuevas técnicas agroquímicas, son tremendas activistas. El movimiento Chipko (en hindi significa «abrazar») nació cuando las mujeres se opusieron a la deforestación en el estado indio de Uttar Pradesh, en los años setenta. Las mujeres se abrazaban a los árboles para evitar que fueran cortados. La campaña culminó en 1980, cuando el Gobierno indio dio su aprobación a una moratoria en la tala de árboles. El movimiento entonces inició una campaña masiva de plantación.[31] El Cinturón Verde, programa creado en 1977 por Wangari Maathai, combina el desarrollo comunitario con la protección medioambiental. Maathai se puso en marcha ante la reflexión de que «no podemos esperar sentadas a ver cómo se mueren nuestros hijos de hambre». Desde entonces, las mujeres del Cinturón

31. Jordi Bigues, *El ecofeminismo*, publicado en http://www.elsverds. org/

Verde han plantado treinta millones de árboles y creado cinco mil guarderías.

La filósofa Alicia Puleo identifica varias corrientes ecofeministas en función de cómo entienden la relación entre las mujeres y la naturaleza. En primer lugar estaría el «ecofeminismo clásico», desarrollado en los años ochenta y que se caracteriza por defender que las mujeres poseen características innatas para el cuidado de la naturaleza y la preservación de la paz. En esta corriente, de corte esencialista, se inscribe el libro *Gin/Ecología: la metaética del feminismo radical*, publicado por Mary Daly en 1978, y en ella se desarrolló una ginecología alternativa y centró parte de sus reflexiones en la salud de las mujeres y la recuperación del control sobre el propio cuerpo.[32]

La segunda corriente sería el «ecofeminismo espiritual», que aporta una crítica al modelo de desarrollo occidental, lo que se entrelaza con el principio femenino de la naturaleza como fuente de vida y la cosmovisión de los diferentes pueblos. En ella se inscribirían Vandana Shiva o la brasileña Ivone Gebara. La tercera corriente, siguiendo a Alicia Puleo, sería el «ecofeminismo constructivista», que se diferencia de las anteriores por rechazar el enfoque esencialista, ya que señala el origen sociocultural del vínculo entre mujeres y naturaleza. Según esta tercera raza, es fruto de la división sexual del trabajo que las mujeres haya desarrollado su inclinación por el bien comunitario y la necesidad de proteger el medioambiente. En esta corriente se sitúan la australiana Val Plumwood o Bina Agarwal, quien prefiere hablar de

---

32. Rebeca Moreno, *op. cit.*, p. 256.

«feminismo ambientalista» que de ecofeminismo y señala que las mujeres son las que más sufren los efectos de la degradación ambiental; esto, unido a las tareas de cuidado que tradicionalmente les han sido asignadas, las sitúa en una mayor predisposición para la defensa del territorio.[33]

Pero ha sido la cuarta ola la que ha hecho del ecofeminismo una señal de identidad para todo el movimiento, en la línea de la alemana Petra Kelly, trenzando fuertes lazos entre feminismo, pacifismo y ecologismo, señalando un cambio de modelo que implique al Estado, al sistema económico y a las relaciones interpersonales y colocando como prioridades la crisis medioambiental y la crisis de los cuidados. En definitiva, como diría Amaia Orozco, poniendo la vida en el centro de un sistema económico y social que actualmente, lejos de ello, la desprecia y se desentiende de cómo criar, cuidar, alimentar y sanar. Un sistema que no es sostenible.

Así, la cuarta ola reclama que economía son todos los procesos sociales que fundamentan las vidas dignas de las personas y una relación sostenible con la naturaleza, y denuncia desde el uso de sustancias tóxicas en alimentos, cosméticos o productos de limpieza, altamente nocivas para el medioambiente y que además producen, en muchos casos, daños diferenciales en las mujeres, hasta la tremenda patologización y medicalización de los cuerpos de las mujeres en beneficio de la industria farmacéutica. También los efectos colonialistas de los tratados de libre comercio, el extractivismo y los megaproyectos, que expolian los recursos

33. *Ibid.*

locales de comunidades y pueblos y despojan a las poblaciones originarias de sus territorios ancestrales, lo que conduce en muchas ocasiones a la migración y, en otras, a poner en juego la propia vida en defensa de la tierra.

Igualmente, el feminismo actual señala la falta de responsabilidad política frente a la gravedad de la crisis energética y la permisividad con el lucro de las empresas de energía, y pone el acento en cómo la agricultura y la ganadería intensivas, junto con la industria agroalimentaria, todas ellas altamente masculinizadas, imponen productos insalubres (transgénicos, pesticidas y abonos químicos...) e impiden el desarrollo de otros modelos agrícolas más saludables y con mayor protagonismo de las mujeres.

Asimismo, la cuarta ola se manifiesta inequívocamente en contra de la cultura de la guerra y del negocio de la industria armamentística.

La respuesta no está en el viento, está en el patriarcado, ese que no es invencible.

5

FEMINISMO DEL SIGLO XXI EN ESPAÑA

> Soy feminista, me avergonzaría de no serlo.
> [...] De ese movimiento feminista cuyo triun-
> fo, se quiera o no se quiera, es inevitable.
>
> María de Maeztu

El feminismo español sorprendió al mundo por su fortaleza y capacidad de movilización el 8 de marzo de 2018. El día que el feminismo logró hacerse global, cuando 170 países se adhirieron a la convocatoria de huelga, los principales medios de comunicación se hacían eco, precisamente, de las manifestaciones en España. *The New York Times* encabezaba su noticia sobre el 8 de marzo con una foto de Bilbao, donde miles de feministas se habían concentrado alzando las manos con el símbolo que significa unión de mujeres. *Le Monde* (Francia), *The Guardian* (Reino Unido) o la BBC, por poner tres ejemplos, también recogían información sobre el seguimiento de la convocatoria en España, donde se celebraban movilizaciones en 120 ciudades por todo el país y más de seis millones de trabajadoras se sumaron a la huelga.

El ciclón de la Transición

Que el tsunami de la cuarta ola llegara a España con tanta potencia, en realidad, no debería haber sido una sorpresa, puesto que la aparición del movimiento feminista tras los cuarenta años de franquismo había sido como un ciclón. De hecho, dieciséis días después de la muerte del dictador, las feministas celebraban las Primeras Jornadas por la Liberación de la Mujer. Durante los días 6, 7 y 8 de diciembre de 1975, quinientas mujeres llegadas de todos los rincones del país se concentraban en Madrid de forma clandestina (hasta 1978 no se legalizaron las organizaciones feministas). A los pocos días, el 15 de enero de 1976, se organizó la primera manifestación. El lema fue «Mujer: lucha por tu liberación». Por fin la calle era de las mujeres. Aunque terminó con cargas policiales. Nacía (de nuevo) el movimiento feminista en España tras los cuarenta años de dictadura en los que el franquismo había borrado todo el trabajo anterior.

Fue como un ciclón porque todo era necesario y todo se hizo al mismo tiempo. Se abría la esperanza de cambiar la vida de las mujeres, había urgencia por destruir el modelo de feminidad que la dictadura franquista había impuesto y por esa razón los primeros años estuvieron particularmente marcados por la crítica sin matices a la maternidad y el matrimonio, a la familia y al modelo sexual. El objetivo era sacudir una sociedad machista hasta el esperpento.[1]

Describe brevemente Ana María Pérez del Campo cómo era legalmente la sumisión de las mujeres:

> Hasta 1975 estuvo vigente la licencia marital que obligaba a la esposa a tener permiso del esposo para realizar cualquier acto jurídico o patrimonial y él administraba tanto los bienes gananciales como los privativos de la mujer. Ella debía pedirle permiso para aceptar una herencia, ejercer el comercio, abrir una cuenta corriente, obtener el pasaporte o sacar el carnet de conducir [...] La esposa tiene la obligación de seguir al marido si este decide establecer el domicilio familiar en otro lugar y si hay hijos, el padre dispone en exclusiva de la patria potestad.[2]

> Todo esto teniendo en cuenta que la inmensa mayoría de las mujeres estaban casadas, la soltería era una rareza criticable y la viudedad, una desgracia.[3]

Ante ese panorama, las feministas inician su camino trabajando por una sexualidad libre, contra la penalización del adulterio, por la legalización de los anticonceptivos, la exigencia de guarderías, de educación sexual, el derecho al divorcio, al trabajo asalariado o la amnistía para las más de

1. Justa Montero, «Movimiento feminista: una trayectoria singular», *Mientras Tanto*, n.º 91-92, 25 años de movimientos sociales, verano-otoño de 2004, pp. 107-121.

2. Las mujeres no fuimos madres en España hasta 1981, cuando se estableció la patria potestad para ambos progenitores. Hasta ese año, las mujeres eran meras cuidadoras de sus hijos e hijas.

3. Charo Nogueira, *La mujer que dijo basta. La larga lucha por la igualdad y contra la violencia de género en España (1970-2017). Memorias de Ana María Pérez del Campo Noriega*, Madrid, Libros.com, 2018, pp. 45-46.

trescientas cincuenta mujeres que permanecían en las cárceles condenadas por los llamados delitos específicos, *los que solo cometían las mujeres*: aborto, prostitución y adulterio. Se redactan los proyectos de ley alternativos sobre el divorcio y sobre el aborto. Se ponen en marcha centros de mujeres donde, junto a actividades de denuncia y afirmación ideológica, se facilitan anticonceptivos, que en aquel momento eran ilegales...[4]

El movimiento feminista español hizo todo esto sin referencias, en medio de la gran desmemoria impuesta por la dictadura. Como dice Amelia Valcárcel, las herederas de Concepción Arenal comenzaron a llenar las aulas universitarias sin saber que eran herederas de nadie. El primer momento del cambio no fue asertivo, sino negativo; había que abolir y derogar tantas leyes... Pero también hubo que inventarse un mundo nuevo. Las condiciones legales de las españolas hasta 1975, asegura Valcárcel, explican por qué había tantas abogadas en el feminismo de los primeros años. Y estas circunstancias explican que el feminismo español sea especial, dicho esto a su favor. «Es como es —serio, radical, político— porque partió de aquella situación. No es el nuestro un feminismo por lecturas, sino por vivencias. Nos tocó enfrentarnos a las prácticas civiles y penales del Estado y al conjunto de la moral corriente. Primero vinieron la rabia y el coraje, las lecturas vinieron después.»[5] Así fue. En los últimos años del siglo xx, en España hubo que pelear cada paso, cada ley, cada cambio. Uno a uno.

4. Justa Montero, *op. cit.*
5. Amelia Valcárcel, *Rebeldes hacia la paridad*, Barcelona, Plaza & Janés, 2000.

Las primeras Jornadas donde realmente se vio y se vivió la fuerza del feminismo español —lo que evidenciaba su organización clandestina durante la dictadura— fue en las celebradas en Barcelona entre los días 27 y 30 de marzo de 1976. En ellas se reunieron unas tres mil personas con representaciones de grupos de mujeres de toda España. El avance desde las Jornadas de Madrid del año anterior era tanto numérico como de calado político. Pero igual en unas como en las otras había una idea compartida: la de que la lucha feminista tenía un claro contenido político y era parte de la lucha por una sociedad democrática. Por primera vez, en 1977, en la calle y de forma unitaria, se celebró el 8 de marzo, Día Internacional de las Mujeres.

En 1977 comienzan algunos cambios relevantes. Desaparece, por decreto, el Movimiento Nacional y, con él, la Sección Femenina.[6] En julio de 1977, España estrena Ministerio de Cultura y dentro de él se crea la Subdirección General de la Condición Femenina. En septiembre de 1978, dicha subdirección organiza las primeras jornadas «institu-

6. La Sección Femenina se organizó oficialmente el 12 de julio de 1934 como rama femenina de la Falange Española de las JONS, la organización que un año antes había fundado José Antonio Primo de Rivera, quien situó a su hermana Pilar al frente de la organización femenina. En los primeros años del franquismo se consolidó su papel institucional al encomendársele el control exclusivo de la formación femenina, centrada sobre todo en la instrucción de las jóvenes para ser buenas patriotas, buenas cristianas y buenas esposas. Por decreto del 28 de diciembre de 1939, Franco también les entregó el control exclusivo del servicio social de la mujer, imitación fascista del servicio militar masculino. La Sección Femenina se disolvió, pero buena parte de su personal pasó a la Administración. Su patrimonio, salvo algún local, no lo heredaron las organizaciones de mujeres, en contra de lo que sí ocurrió con los sindicatos y la patronal, que recibieron bienes de la Organización Sindical franquista.

cionales» para trazar las políticas esenciales que se debían poner en marcha. La reunión resultó «movida». Era el anticipo de la gran fractura feminista que llegaría un año más tarde, en las II Jornadas Estatales sobre la Mujer celebradas en diciembre de 1979 en Granada.

Pero 1978 aún traería muchos cambios largamente esperados, como la entrada de la primera mujer, Carmen Conde, en la Real Academia Española, con más de dos siglos y medio de retraso. Desde su fundación, en 1713, la institución había mantenido las puertas cerradas a las mujeres. En mayo, por fin, se suprime el servicio social, muere esa mili «doméstica» obligatoria para las mujeres solteras entre 17 y 35 años, organizada por Sección Femenina, desaparecida un año antes. Recuerda Ana María Pérez del Campo que «solo te librabas de hacer el servicio social si te casabas o te metías monja, grosso modo. Sin pasar por él durante seis meses no había título universitario ni pasaporte. Por eso yo estuve tiempo sin poder salir de España».[7] Poco después, en octubre de 1978, llega el turno de los anticonceptivos: deja de estar penada su venta, divulgación y publicidad. Los centros de planificación familiar pudieron relajarse por fin porque, a pesar de estar prohibidos, ya habían abierto años antes de forma clandestina. El primero lo hizo en Madrid en 1974, de la mano de ginecólogas como Elena Arnedo o Carmen Martínez Ten.

El primer alivio del Código Penal también llega en 1978: el adulterio deja de ser delito. «Cometen adulterio la mujer casada que yace con varón que no sea su marido y el que yace con ella sabiendo que es casada, aunque después se

7. Charo Nogueira, *op. cit.*, p. 61.

declare nulo el matrimonio», decía hasta entonces. Y el año termina con el referéndum constitucional. La primera gran traición de los partidos políticos al feminismo.

A pesar de que en la Constitución la igualdad es, por fin, un derecho fundamental y que en su articulado aparece el famoso artículo 14: «Los españoles son iguales ante la ley, sin que pueda prevalecer discriminación alguna por razón de nacimiento, raza, sexo, religión, opinión o cualquier otra condición o circunstancia personal o social», fue un texto que solo tuvo padres —ninguna mujer participó en su redacción, no hubo la conciencia democrática de contar, al menos, con otra Clara Campoamor— y presentaba tantos déficits que el feminismo calificó el texto de «machista y patriarcal».

Entre sus deficiencias, el feminismo señalaba que no había tenido en cuenta una norma elemental del Derecho que establece que cuando se parte de una situación de desigualdad no se puede dar un trato de igualdad. Por otro lado, la Constitución tampoco contempla derechos específicos como los sexuales y reproductivos. De hecho, el feminismo insistía en aquel momento en que el derecho al aborto no solo quedaba fuera de la Constitución, sino que además no iba a ser fácil regularlo posteriormente, a la vista del texto constitucional —como así ha sido—, y que el divorcio quedaba remitido a una legislación posterior, lo que en aquel momento era muy preocupante, empeñadas como estaban en romper «con el trágico principio de indisolubilidad del matrimonio». Tampoco en esto les faltaba razón, puesto que hubo que esperar hasta 1981 para que los primeros divorcios se pudieran realizar.

El feminismo también hacía hincapié en que la educación no sufría cambios con la inclusión del artículo 16: «Ninguna confesión tendrá carácter estatal. Los poderes públicos tendrán en cuenta las creencias religiosas de la sociedad española y mantendrán las consiguientes relaciones de cooperación con la Iglesia católica y las demás confesiones». El artículo alternativo que proponía la Plataforma Feminista de Madrid decía así: «El Estado solo protegerá la enseñanza estatal, que será laica, mixta, gratuita y obligatoria. A tal efecto, el Estado garantizará que se realice sin discriminación o menoscabo por razón de sexo, implantando la coeducación efectiva a todos los niveles y sancionando a los establecimientos que no cumplieran con este principio». En esta cuestión, tampoco parece que hayan pasado los años. El debate continúa en el mismo lugar.

La plataforma no se olvidaba de rechazar el artículo que daba prioridad al varón sobre la mujer en el acceso a la jefatura del Estado ni tampoco del control de los medios de comunicación y las deficiencias de la Seguridad Social. A su juicio, el sistema propuesto para la Seguridad Social obligaba a que la inclusión en esta de las mujeres que no trabajaban con un salario se realizara a través del marido. Explicaban que era de justicia haber recogido a este respecto la garantía de un sistema de Seguridad Social único para toda la ciudadanía, para lo que, a partir de la mayoría de edad, todos cotizarían un mínimo y daría derecho a devengar las mismas prestaciones. En cuanto a los medios de comunicación, las feministas subrayaban «el denigrante papel que la mujer juega dentro de ellos y su constante utilización como reclamo sexual para el consumo», por lo que proponían la prohibición explícita del sexismo en los medios.

En los años posteriores a la muerte de la dictadura todo iba a velocidad de vértigo. En 1979 se convocaron las II Jornadas Estatales, esta vez, en Granada. A ellas acudieron tres mil mujeres y en ellas se produjo la primera inflexión significativa del feminismo español. Explica Celia Amorós que tuvieron lugar en un clima general de «desencanto», provocado porque no había habido ruptura con el régimen franquista, sino una reforma que había costado demasiadas concesiones a los poderes fácticos del período anterior. En el ámbito específico del feminismo, había que sumarle una situación de cansancio por las discusiones sobre la doble militancia: la militancia simultánea en grupos feministas y partidos o sindicatos.

En consecuencia, en Granada se propugna un modelo organizativo basado en la única militancia y la fidelidad al feminismo. La lucha venía de atrás. En la España de la década de los sesenta, la práctica política se enmarcaba ineludiblemente en el movimiento de oposición democrática al franquismo. Entre las mujeres comprometidas en la lucha antifranquista quedaba descartada cualquier definición del movimiento de mujeres como feminista y la discusión versaba sobre si era deseable la existencia de un movimiento organizado de mujeres con un carácter específico. En las jornadas de Granada se vio claro que un sector del feminismo consideraba que era compatible la doble militancia en un partido político y en una asociación feminista. En cambio, otro sector sostuvo que, a la hora de las grandes decisiones, el partido exigiría disciplina y, sobre todo, que los partidos, que apenas tenían militancia en ese momento, absorberían a las feministas, que no su agenda, y las organizaciones se quedarían descabezadas y dañadas.

Las jornadas de Granada concluyeron con la primera y dolorosa ruptura del movimiento. «Fue el alto precio pagado por la falta de madurez», afirma Justa Montero. La doble militancia no fue la única cuestión, realmente, la gran polémica que surgió en Granada fue la irrupción del feminismo de la diferencia de la mano de Gretel Amman, lo que sirvió de punto de partida para la larga discusión de los feminismos en todo el estado español que tendría lugar los años siguientes. Así, aunque el feminismo español en ese momento no entró en el debate sobre el género ni en los planteamientos posfeministas en los que estaba inmerso en otras geografías, sí entró de lleno en el debate igualdad versus diferencia.

Según Celia Amorós, se trataba de una ruptura radical con las líneas de actuación anteriores, vertidas en tono militantemente lúdico y festivo. Se propuso romper con todos los cánones al uso, los órdenes del día fijados y hacer algo completamente diferente. Frente a las tediosas discusiones acerca de la relación entre el patriarcado y el capitalismo, el feminismo y los partidos políticos..., había que elaborar nuevas formas específicamente femeninas de discutir y comunicarse, convertir los encuentros feministas en una fiesta que hiciera quebrar los rígidos esquemas de unas programaciones y unos contenidos marcados por la impronta de lo patriarcal. Las reacciones contra el feminismo de la diferencia no se hicieron esperar y se desencadenó la polémica.[8]

8. Celia Amorós, *op. cit.*, pp. 416-426.

El feminismo que se autoproclama de la diferencia se oponía, subraya Luisa Posada, ya desde su nombre, al existente, y será el propio pensamiento de la diferencia el que lo bautice con el apellido de «feminismo de la igualdad» (hasta entonces resultaba algo redundante). De manera extremadamente resumida, cuando aparece en Granada, la división básica se manifiesta en que mientras el feminismo de la diferencia reclamaba la división de género, que entendía como algo no meramente construido por la cultura patriarcal, el feminismo de la igualdad abogaba —y aboga— por la superación de los géneros en una comprensión unitaria de lo humano y, por lo mismo, por una sociedad no-patriarcal.[9] Esta ruptura quebró el funcionamiento unitario que hasta entonces se había dado en torno a la Coordinadora Estatal de Organizaciones Feministas.

Nuestros particulares últimos años del siglo XX

Cuando Monique Wittig publicaba en 1973 *El cuerpo lesbiano*, en España aún se sufría el franquismo. En 1981, el año señalado por Teresa de Lauretis como la fecha clave en la que se produce el «choque de paradigmas» mencionado en capítulos anteriores, se frustraba el golpe de Estado de Tejero que pretendía destruir la jovencísima democracia, y cuando Donna Haraway prefería ser una cíborg a una diosa, en 1984, comenzaba en España la primera campaña con-

9. Luisa Posada, «De la diferencia como identidad: génesis y postulados contemporáneos del pensamiento de la diferencia sexual», *Araucaria*, vol. 8, n.º 16, 2006, pp. 110-111.

tra la violencia de género y hacía pocos meses que se había creado el Instituto de la Mujer.

A comienzos de los años ochenta, las ciudadanas eran escasas en la vida pública. El número de mujeres que entraban en el Parlamento era ridículo. En las elecciones generales del 15 de junio de 1977 resultaron elegidas 21 diputadas frente a 329 diputados (el 6 % de los escaños del Congreso). En las elecciones siguientes —en 1979, ya aprobada la Constitución—, bajaron a 18 (el 5 %) y en 1982 perdieron un escaño (17). Habría que esperar hasta 2004 para que superaran el 30 % en el Congreso. En las elecciones de junio de 2016 resultaron electas 183 diputadas, el 39,4 % del total. Fue necesaria la implantación de cuotas para que la representación política se acercara a la paridad. El Partido Socialista de Cataluña (PSC) fue el primero que introdujo las cuotas en el Estado español. Era el año 1982 y las mujeres consiguieron un modesto 12 %. En 1987, el PSOE establecía la cuota femenina del 25 % en las listas electorales, que fue gradualmente ampliada al 30 y al 40 %. Pocas en el Parlamento —también inmensa minoría en el Senado entonces— y ausentes en el Gobierno. En el primer Ejecutivo de Felipe González (presidente desde diciembre de 1982 a mayo de 1996) no hubo ninguna ministra. Hubo que esperar hasta 1988 para que nombrara a las dos primeras: Matilde Fernández (Asuntos Sociales, una cartera nueva) y Rosa Conde (Portavoz del Gobierno). Permanecieron hasta 1993. Tras su salida, entraron tres ministras, que lo fueron hasta el final de la presidencia de González: Carmen Alborch (Cultura), Cristina Alberdi (Asuntos Sociales) y Ángeles Amador (Sanidad). En total, cinco mujeres con cartera en casi 14 años de mandato.

Una de las primeras medidas del Ejecutivo de González fue la creación del Instituto de la Mujer, en 1983; hacía así su aparición el feminismo institucional. Nacía como un organismo autónomo adscrito al Ministerio de Cultura y sobre los mimbres de la Subdirección General de la Condición Femenina, donde aún estaban las funcionarias de la extinta Sección Femenina y le esperaba una tarea ímproba: pasar del modelo franquista de la mujer «ángel del hogar», que aún coleaba, a un nuevo paradigma de autonomía y libertad. Carlota Bustelo fue su primera directora (1983-1988) y una de las prioridades era tener la radiografía imprescindible para diseñar los planes de igualdad, disponer de los datos que reflejasen la situación de las mujeres; es decir, tener datos desagregados por sexo. El resultado será el estudio *Situación social de la mujer*, un tomo de pastas amarillas y casi 1.200 páginas que reflejaba la revolución que estaba en marcha. Los datos servirán de andamiaje para el primer plan de igualdad (1988-1990), que planteará 120 medidas —cambios jurídicos, protección social, educación y empleo, entre otras áreas— para avanzar en el acceso a la ciudadanía.[10]

En aquel 1983, España aún era un país con mayoría de «amas de casa»: de los 14,3 millones de mujeres en edad de trabajar, solo cuatro millones (el 28,3 %) tenían empleo o lo estaban buscando. Además, una de cada cinco activas estaba en paro. Pero ya se había iniciado la revolución sociodemográfica. A mediados de los años ochenta, solo el 16,5 % de las mujeres decía no haber utilizado nunca un método anticonceptivo (el 40,2 % lo afirmaba en 1977, cuando la píldo-

10. Charo Nogueira, *op. cit.*

ra aún era ilegal) y del promedio de 2,80 hijos por mujer el año en que murió Franco (1975) a 1,74 en 1983. Había otro lugar deseado al que durante demasiado tiempo no se pudo acceder: la universidad. A mediados de los años ochenta, las mujeres ya eran casi la mitad del alumnado, aunque no en las carreras técnicas superiores (el 13 % de las matrículas y el 8 % de quienes se gradúan), según consta en el macroinforme del Instituto de la Mujer. Una cuarta parte del profesorado universitario son profesoras en un país donde el analfabetismo femenino era del 8,9 %, frente al 3,6 % masculino. Uno de los ámbitos de poder que se resiste a las mujeres son los ayuntamientos: en 1983, solo el 2 % de los alcaldes eran alcaldesas.[11]

Durante los siguientes diez años, las reivindicaciones más importantes del feminismo español estuvieron enfocadas a la despenalización del aborto y a la lucha contra la violencia sexista. Esas reivindicaciones se han mantenido durante todos los encuentros estatales, a pesar de que ha existido una evolución (desde el «quiero abortar en un hospital» de los ochenta hasta el «quiero abortar en un hospital público ya» de los noventa).[12] La primera campaña publicitaria contra los malos tratos («¡No llores, habla!»), en 1984, fue un revulsivo. Un tema hasta entonces considerado privado se asomaba por fin a la esfera pública. «En esa época, en la Federación de Asociaciones de Mujeres Separadas y Divorciadas empezamos a recopilar los casos de las mujeres

11. *Ibid.*
12. Loreto Ares Arroyo y Sara Pedraz Poza, «Influencias del posfeminismo en España: Evolución de los cánticos de las manifestaciones feministas españolas», Madrid, Universidad Autónoma de Madrid.

muertas a manos de sus compañeros o excompañeros, porque la estadística oficial no lo contemplaba»; así recuerda Ana María Pérez del Campo cómo comenzó el recuento de mujeres asesinadas ante la ausencia de datos oficiales: «había que poner números a un problema del que, como en los icebergs, solo asomaba la punta. Y eso ocurría cuando se trataba de un caso llamativo y sangriento que invariablemente los medios de comunicación presentaban como un suceso y a menudo con tintes de justificación —entre otras cosas, porque así lo presentaba la policía—. El resultado era una abundancia de titulares a menudo justificativos, del estilo "Un hombre mata a su mujer por celos", o "Crimen pasional". La larga lucha contra la violencia de género no había hecho más que empezar para la sociedad española».[13]

En palabras de Silvia L. Gil, en la década de los ochenta, en España, se percibe con claridad cómo desde 1975 fue evidente la existencia de dos grandes corrientes: la de las feministas marxistas y la de las radicales, separadas fundamentalmente por el debate sobre la doble militancia y dentro de esas líneas generales (con toda su diversidad interna) se acabaron desarrollando dos posturas bien distintas: el feminismo de la igualdad y el feminismo de la diferencia. El primero estaría representado por autoras como Lidia Falcón, Celia Amorós o Amelia Valcárcel, y por una práctica política más centrada en las instituciones y en los partidos. El segundo tendría entre sus representantes a Victoria Sendón de León y Milagros Rivera, quienes, a su vez, destacaban entre sus referentes más importantes a las italianas

13. Charo Nogueira, *op. cit.*, pp. 110-111.

Carla Lonzi y Luisa Muraro. Ambas corrientes compartían la idea de que las mujeres vivían una experiencia similar de opresión y, por tanto, el sujeto político del feminismo eran las mujeres. Un sujeto sobre el que se podían articular objetivos unitarios de lucha.[14]

Sin embargo —reflexiona Silvia L. Gil—, a lo largo de la década de los ochenta se fue constatando que esa unidad no era tan sólida. Las críticas a esta representación homogénea aparecieron de la mano del feminismo lesbiano, que puso el acento en la imposibilidad de unificar las experiencias sexuales femeninas.

> Con la aparición de las diferencias (también de intereses y formas de hacer), el despegue de la democracia y el desarrollo de las políticas neoliberales, el escenario se modificó completamente y el movimiento feminista se resintió, perdiendo fuerzas de manera progresiva. A finales de los años ochenta, la dispersión y la debilidad eran las notas predominantes del feminismo español, cuya fragmentación se hace definitiva en la década de los noventa.[15]

A partir de 1980, los grupos lesbianos comienzan a organizarse en España dentro del movimiento feminista. Primero, como feministas lesbianas que poco a poco irán definiéndose como lesbianas feministas. Gretel Amman defenderá la existencia de un género lesbiano que actúa separadamente del movimiento feminista y del homosexual. En los noventa,

14. Silvia L. Gil, *Nuevos feminismos. Sentidos comunes en la dispersión. Una historia de trayectorias y rupturas en el Estado español*, Madrid, Traficantes de Sueños, 2011, p. 35.
15. *Ibid.*

buena parte de los colectivos se aliarán con los colectivos gays conformando los grupos LGTB y finalmente, en los primeros años del siglo XXI, del colectivo LGTB también de desgajarán los grupos queer críticos tanto con el colectivo LGTB, que, dicen, ha optado por la normalización, como con el feminismo de la igualdad, al que acusan de adoptar un patrón heterosexual y buscar una mera equiparación entre mujeres y hombres, como del esencialismo del feminismo de la diferencia.[16]

Las mujeres que vivieron la década de los ochenta formaron la primera generación que accedió a los estudios superiores de forma masiva. Un hecho que también tuvo su lectura feminista.

> Surgieron grupos como Lisístrata en la Universidad de Zaragoza o la Asamblea de Mujeres de la Universidad Complutense de Madrid. Estas últimas publicaban el fanzine *Kollontai* y ambos grupos serán pioneros en la organización de mujeres en las universidades.[17]

Otro fenómeno que arranca en la misma década fue el del feminismo académico. Tampoco fue fácil que las universidades aceptaran albergar y financiar estos departamentos de investigación. Los antecedentes se remontan a 1974, cuando Mary Nash hizo la primera incursión en la Universidad de Barcelona impartiendo una asignatura sobre historia del feminismo. Los primeros seminarios y centros dedicados a

---

16. Gracia Trujillo Barbadillo, *Deseo y resistencia (1977-2007): Treinta años de movilización lesbiana en el Estado español*, Madrid, Egales, 2009.
17. Silvia L. Gil, *op. cit.*, pp. 74-75.

los estudios académicos cuajaron unos años después. El primero se creó en 1979, en la Universidad Autónoma de Madrid, dirigido por María Ángeles Durán. En 1982, Mary Nash fundó el Centro de Investigación Histórica de la Mujer en la Universidad de Barcelona, y en Madrid, la Universidad Complutense aprobó en el curso 1988-1989 el Instituto de Investigaciones Feministas, dirigido por Celia Amorós. Desde el curso siguiente, el instituto impartió un curso de Historia de la Teoría Feminista. La mayoría de las universidades españolas tienen ya departamentos específicos; sin embargo, el Ministerio de Educación aún no reconoce estos estudios.

En la segunda mitad de los ochenta surge, asimismo, un movimiento muy vinculado a la okupación de casas que piensa la autonomía ideológicamente, haciendo de ella una seña de identidad. Es el llamado «movimiento autónomo» compuesto principalmente por gente joven que comienza a organizarse en colectivos de barrio.

> En 1996 se okupa el Centro Social de Mujeres La Eskalera Karakola. Se trata del primer centro social específico para mujeres. Estudiantes, militantes del movimiento feminista, transexuales, lesbianas, antimilitaristas y autónomas se dan cita para abrir un espacio ubicado en un antiguo edificio del madrileño barrio de Lavapiés, una vieja tahona del siglo XVII, abandonada desde hacía años.[18]

Afirma Silvia L. Gil que la percepción subjetiva y social de movimiento de los años ochenta se pierde en los noven-

18. *Ibid.*, pp. 77-87.

ta. El feminismo español había llegado muy tarde al «choque de paradigmas», pero había llegado.

> Los noventa son años en los que se constata que no hay vuelta atrás. Los grupos que aparecen lo hacen muy desconectados entre sí y esa pérdida de vínculo hace que la memoria histórica se resienta: muchos de los nuevos grupos no se sienten parte del movimiento feminista ni lo toman como referente, incluso lo rechazan al no verlo capaz de hacerse cargo de las exigencias de renovación del momento. Además, a este final del movimiento tal y como se había conocido hasta entonces se suma un momento de fuertes políticas de igualdad impulsadas por el feminismo institucional.[19]

Así, como va definiendo Gil, aparecen otras temáticas en el feminismo español: la construcción de la identidad de género a través del movimiento transexual (desde 1987, con AET-Transexualia); los derechos de las trabajadoras del sexo con la fundación de Hetaira en 1995; las reflexiones sobre la identidad de mano de los primeros grupos queer (LSD y la Rádical Gai); el activismo lesbiano; la cuestión de la autonomía; el movimiento de resistencia global y las nuevas formas de expresión política; la construcción de la ciudadanía en las ciudades globales; las luchas y resistencias cotidianas de las mujeres migrantes y sin papeles organizadas a través de redes diversas; la crítica a la precarización de la existencia en el marco de la globalización; la crisis de los cuidados o la actualización de los discursos antimilitaristas a través de grupos como Mujeres de Negro.[20]

19. *Ibid.*, p. 37.
20. *Ibid.*, p. 38.

Los años noventa también fueron testigos del nacimiento del feminismo romaní. El movimiento feminista gitano se comienza a organizar en 1990, cuando se crea la asociación Romí en Granada, la primera asociación de mujeres gitanas en España. El «feminismo de la resistencia», como se denominan los seiscientos años de rebeldía y lucha de las mujeres gitanas tanto frente al patriarcado como frente al racismo, aparecía entonces como movimiento de mujeres con voz y agenda propias. Actualmente, señala Emilia Laura Arias, hay en España más de veinte organizaciones y asociaciones de mujeres gitanas y alrededor de trescientas en toda Europa que trabajan en redes estableciendo estrategias comunes de lucha. La «mujer» no existe; la «mujer gitana», tampoco. Si la idea de «mujer» (todas únicas, todas iguales) es una construcción patriarcal que pretende que las más de 3.000 millones de mujeres que hay en el mundo respondan a un único modelo, la «mujer gitana» es un estereotipo aún más arraigado, fruto tanto del patriarcado como del racismo. Las mujeres gitanas, en plural, son maestras, trabajadoras, mediadoras, académicas, vendedoras, bailaoras... Son heterosexuales, lesbianas, transexuales, madres o no, evangelistas, católicas, agnósticas, ateas..., es decir, son mujeres diversas que luchan contra la triple discriminación de ser mujeres, gitanas e hiperestereotipadas; y, como señala Carla Santiago, presidenta de la federación Artemisa, con tremendas dificultades para acceder al mercado laboral y soportando, además, diferentes arremetidas de la transculturación, entendida esta como la recepción por un pueblo o grupo social de formas de cultura procedentes de otro, que sustituyen de un modo más o menos completo a las propias.

A pesar de la fragmentación y las dificultades de los últimos años del siglo xx, se consiguieron celebrar aún jornadas importantes como las Estatales de 1993 en Madrid —cuando las mujeres transexuales tomaron la palabra por primera vez en unas jornadas feministas estatales con dos presentaciones, la que realizó Mónica, del colectivo Transexualia, y la de Kin Pérez, del Centro de Identidad de Género de Andalucía— o las de Córdoba del año 2000, que arrancaban el nuevo siglo celebrando el veinticinco aniversario de aquellas primeras jornadas de 1975 y que llevaron por título «Feminismo es... y será». En Córdoba, y a pesar de que la falta de diálogo intergeneracional había sido otra característica del feminismo español en la década de los noventa, participaron decenas de mujeres jóvenes entre las cuatro mil asistentes y se presentaron hasta cincuenta y cuatro ponencias sobre otros tantos temas.

El extraordinario impulso legislativo

Llegaba el siglo xxi y simultáneamente, durante los primeros años, en España se daban dos procesos de largo recorrido. Por un lado crecía el posfeminismo y la teoría queer y por otro se desarrollaba un vertiginoso impulso legislativo en materia de igualdad. Entre 2004 y 2011 —las dos legislaturas del presidente José Luis Rodríguez Zapatero hasta que en 2011 el Partido Popular ganó las elecciones y comenzó el primer gobierno de Mariano Rajoy— se aprobaron una serie de leyes fundamentales para la igualdad entre mujeres y hombres, prácticamente una por año. Comenzó en 2004, cuando el país estrenaba el primer Gobierno paritario de su historia (ocho mujeres, ocho hombres). Una vicepresidenta y siete ministras junto a un presidente, Zapatero, un vicepresidente y seis ministros. Era el reflejo de los cambios acaecidos en un país que, también por primera vez, contaba con un mayor número de mujeres universitarias que de hombres (2,4 millones ellas y 2,2 millones ellos).

La primera fue la Ley Orgánica 1/2004, de 28 de diciembre, de Medidas de Protección Integral contra la Violencia de Género, la primera de la legislatura y la ley que marcaría un antes y un después en la lucha contra la violencia contra las mujeres por el hecho de serlo. Esta ley instituye dos órganos administrativos específicos: la Delegación del Gobierno para la Violencia de Género y el Observatorio Estatal de Violencia sobre la Mujer, además de los juzgados especializados contra la violencia de género. La ley integral también crea la fiscalía especializada de violencia contra las mujeres y exige la realización de un Plan Nacional de Sensibilización y Prevención de la Violencia de Género, así como la rendición de cuentas y un sistema de indicadores y variables sobre violencia de género.

Al año siguiente, en 2005, se aprueba la ley del matrimonio igualitario, la Ley 13/2005, que posibilita el matrimonio entre personas del mismo sexo; en 2006, la Ley de Promoción de la Autonomía Personal y Atención a las Personas en Situación de Dependencia, la ley que trata del «cuarto pilar del Estado de bienestar» al crear el derecho de las personas que no pueden valerse por sí mismas a recibir atención pública, aunque deben sufragar parte del coste, y que es una norma fundamental para millones de cuidadoras. En

2007 ve la luz la Ley 3/2007 de identidad de género, que permite el cambio registral de nombre de las personas transexuales, y meses después se aprueba la Ley Orgánica para la Igualdad Efectiva de Mujeres y Hombres, una ley explícita y ambiciosa que por fin incorpora la estrategia dual, es decir, utiliza como herramientas la transversalidad y las medidas de acción positiva. Baste como ejemplo de la ambición y amplitud de la ley recordar que modifica más de veinticinco leyes reguladoras en ámbitos tan dispares como la educación, las sociedades anónimas, las fuerzas armadas, el empleo, el derecho al asilo, el poder judicial, el ministerio fiscal, las televisiones... Una ley que aporta también importantes novedades, como la creación del permiso de paternidad retribuido o la paridad en los consejos de administración de las grandes empresas.

El colofón a todas estas reformas llegó al año siguiente, con la creación, en 2008, del Ministerio de Igualdad por primera vez en la historia de España. La recomendación de crear un Ministerio de Igualdad formaba parte de los acuerdos de la Plataforma de Acción de Beijing. El ministerio centró su trabajo en desarrollar la batería de leyes aprobadas en los años anteriores, especialmente la reciente Ley de Igualdad, en la lucha contra la violencia de género y en desarrollar una ley frente a la que se levantaban aún más resistencias, la reforma de la ley del aborto que finalmente entró en vigor en 2010. El avance legislativo se culminó en 2011 con la aprobación de la Ley de Titularidad Compartida de las Explotaciones Agrarias.

Una reforma profunda que tuvo contestación feminista en 2006, cuando comenzó un gran debate tras la publicación del manifiesto «Un feminismo que también existe»[21] firmado por «las otras feministas». La portavoz era Empar Pineda, cofundadora de la Comisión Pro Derecho al Aborto de Madrid, del Colectivo de Feministas Lesbianas de Madrid y de la Asamblea Feminista de Madrid, y lo firmaban mujeres como María Sanahuja, decana de los juzgados de Barcelona; la escritora Rosa Montero; la feminista y profesora de la UNED Raquel Osborne; la jueza Manuela Carmena; feministas históricas como Justa Montero, Cristina Garaizabal o Paloma Uría; las diputadas Reyes Montiel y Uxue Barco, y 200 mujeres más de toda España.

UN FEMINISMO QUE TAMBIÉN EXISTE

En los dos años del Gobierno Zapatero, la actividad legislativa en asuntos que conciernen específicamente a las mujeres ha sido intensa: Ley Orgánica de Medidas de Protección Integral contra la Violencia de Género, Ley que modifica el Código Civil en el derecho a contraer matrimonio, Ley que modifica el Código Civil en materia de separación y divorcio. Y están pendientes las leyes de Dependencia, de Igualdad, de Mediación familiar, de Identidad de género y la creación de un Fondo de Garantía para los impagos de pensiones de divorcio.

Aplaudimos el interés del Gobierno por abordar estos problemas, pero no podemos dejar de mencionar la preocupación que nos suscita el desarrollo de una excesiva tutela de las leyes sobre la vida de las mujeres, que puede redundar en una actitud proteccionista que nos vuelva a considerar incapaces de ejercer nuestra autonomía. Una legislación adecuada puede,

21. https://elpais.com/diario/2006/03/18/opinion/1142636413_850215.html

sin duda, ayudar a mejorar la vida de las personas, pero es la movilización, el compromiso, la educación y la toma de conciencia individual y colectiva, de mujeres y de hombres, lo que puede finalmente hacernos conseguir nuestros objetivos.

Las leyes aprobadas que provocan mayor controversia dentro del feminismo son la ley contra la violencia de género y la ley de divorcio. Las discrepancias son tan importantes que cabe hablar de diferentes concepciones del feminismo y distintos modos de defender los derechos de las mujeres. Hay un enfoque feminista que apoya determinados aspectos de la ley contra la violencia de género de los que nos sentimos absolutamente ajenas, entre ellos la idea del impulso masculino de dominio como único factor desencadenante de la violencia contra las mujeres. En nuestra opinión, es preciso contemplar otros factores, como la estructura familiar, núcleo de privacidad escasamente permeable que amortigua o genera todo tipo de tensiones; el papel de la educación religiosa y su mensaje de matrimonio-sacramento; el concepto del amor por el que todo se sacrifica; las escasas habilidades para la resolución de los conflictos; el alcoholismo; las toxicomanías... Todas estas cuestiones, tan importantes para una verdadera prevención del maltrato, quedan difuminadas si se insiste en el «género» como única causa. Otro de los problemas de enfoque preocupantes en este feminismo y claramente presente en la ley es la filosofía del castigo por la que apuesta: el castigo se presenta como la solución para resolver los problemas y conflictos. Así, el Código Penal adquiere una importancia desmesurada y se entienden como más eficaces aquellas leyes que contemplan penas más duras. Las situaciones de maltrato han de castigarse, pero la experiencia demuestra que más castigo no implica menos delito ni mayor protección para las víctimas.

La polémica ha vuelto a manifestarse con la ley de divorcio. Las reacciones críticas de estas feministas no se hicieron esperar. Una, absolutamente razonable: no se plantea solución al impago de pensiones, uno de los grandes problemas que afrontan muchas separadas o divorciadas. En cambio, otras críticas parecen derivarse de esa concepción del feminismo que no compartimos. Se ha dicho que un divorcio sin causa deja a las mujeres al albur de los deseos masculinos, que equivale al repudio o que priva a las mujeres de conseguir ventajas señalando un culpable. Se ha mostrado desconfianza ante la mediación familiar, por considerar que la mediación solo se puede dar entre iguales y las mujeres siempre están en inferioridad; pero la mayor oposición se ha manifestado ante la custodia compartida de los hijos e hijas menores de edad. Contra ella se ha argumentado que privar a las mujeres de la exclusividad en la custodia equivale a privarlas del derecho al uso del domicilio conyugal y a la pensión de alimentos, con lo que su situación económica puede llegar a ser dramática. Ciertamente, la situación de bastantes mujeres tras un divorcio puede ser muy difícil, pero no está de más señalar que, frecuentemente, es la custodia exclusiva de hijos e hijas la que dificulta que la mujer pueda rehacer su vida o mantener su actividad laboral, adquirir formación, encontrar trabajo, sin olvidar lo difícil que resulta enfrentarse en solitario a la responsabilidad de su cuidado y educación. Además, parece comprobado que hay un mayor compromiso paterno en el pago de las pensiones cuando la custodia es compartida.

También se ha argumentado que las madres tienen una relación más estrecha con sus hijos que los padres, pues son las que habitualmente se ocupan de ellos, y que los padres solamente tratan de evitar pagar la pensión de alimentos. Partiendo de la mayor relación de las madres con los menores, parece aventurado afirmar que han de estar siempre mejor con la madre que con el padre. También nos parece abusivo atribuir a los hombres, con carácter general, intenciones espurias al solicitar la custodia y pensar que a las mujeres solo las mueve el amor filial. Sabemos que se puede intentar utilizar la ley en provecho propio, pero ha de ser labor de la justicia proteger a las personas más indefensas.

Finalmente, contemplamos con preocupación las posiciones del Instituto de la Mujer sobre la prostitución, que considera una actividad indigna y degradante. Estas ideas, en línea con el feminismo puritano de reforma moral de fines del XIX, brindan una excusa para mantener las pésimas condiciones en las que las prostitutas ejercen su trabajo.

Las opiniones que venimos criticando nos parecen poco matizadas y excesivamente simplificadoras. Tienden a presentar a los hombres y a las mujeres como dos naturalezas blindadas y opuestas: las mujeres, víctimas; los hombres, dominadores. La imagen de víctima nos hace un flaco favor a las mujeres: no considera nuestra capacidad para resistir, para hacernos un hueco, para dotarnos de poder y no ayuda a generar autoestima y empuje solidario. Lo mismo se puede decir de la visión simplificadora de los hombres: no existe, en nuestra opinión, una naturaleza masculina perversa o dominadora, sino rasgos sociales y culturales que fomentan la conciencia de superioridad y que, exacerbados, pueden contribuir a convertir a algunos hombres en tiranos.

Desde nuestro punto de vista, el objetivo del feminismo debe ser acabar con las conductas opresoras y discriminatorias; debe ser conseguir la igualdad entre los seres humanos, no aniquilar a quienes discriminan u oprimen. Nosotras no deseamos un feminismo revanchista y vengativo, deseamos simplemente relaciones en igualdad, respetuosas, saludables, felices; en la medida en que ello sea posible, relaciones de calidad entre mujeres y hombres.

El manifiesto generó un profundo debate tanto de fondo como de estrategia. Buena parte del feminismo, implicado tanto en la redacción como en la aprobación de las nuevas leyes, nunca entendió las críticas a los cambios legislativos que consideraban necesarios y en los que parte del movimiento había participado. Especialmente, el párrafo sobre la prostitución encendió una polémica que aún no se ha apagado.

De nuevo, ocurrió en Granada

La influencia del posfeminismo que recorría el mundo a partir de los años ochenta del siglo xx no comienza a sentirse claramente dentro de las bases feministas españolas hasta el encuentro del año 2000 en Córdoba. En él aparecieron los ejes que habían emergido en los noventa: sexualidad, ecología, interculturalidad, trabajo..., pero de nuevo fue en Granada, en las Jornadas Estatales de 2009, las que celebraban el treinta aniversario de las históricas jornadas de 1979 donde el feminismo español se había quebrado con la doble militancia y la irrupción del debate feminismo de la igualdad/feminismo de la diferencia, donde realmente se hizo presente.

Precisamente los Encuentros Estatales de Granada en 2009 llevaban por título «Treinta años después: aquí y ahora», y si treinta años antes el debate había sido intenso, treinta años después prácticamente fue inexistente ante la arrolladora llegada del posfeminismo al activismo y a la academia, no solo por el contenido de las ponencias, sobre todo, por su asunción por las propias bases sociales que nutrieron la asistencia a los actos. A todo ello se le sumó la movilización de la lucha contra la precariedad y el capitalismo en un contexto de crisis y se dio un incremento considerable en las reivindicaciones de mujeres no heteronormativas.

Señala Rosa María Rodríguez Magda que, además de hacerse presente la corriente transfeminista, en las Jornadas Estatales Feministas de Granada de 2009 también apareció una nueva generación —largamente esperada por el feminismo «mayor», todo hay que decirlo—: el 40 % de las asistentes eran menores de treinta años. En 2009, se hizo evidente la nueva fractura, la división entre el feminismo anterior y el feminismo que llegaba: queer, trans, poscolonial... El transfeminismo que se manifestó en 2009 pretendía ser diverso, inclusivo, abierto a diferentes identidades y expresiones de género. Ciento veintidós ponencias y mesas redondas en tres días sobre las identidades fronterizas, las diversidades corporales y las sexualidades; el neoliberalismo, la globalización y la acción feminista; las prácticas culturales de resistencias feminista. Temas de debate viejos y novedosos: violencia de género, aborto, sexualidad, prostitución, la crisis económica, la falta de derechos de las empleadas del hogar, de las inmigrantes, nuevas formas de deseo, superación de los estereotipos binarios de *biomujeres* y *biohombres*, la vigencia del mito del amor romántico.[22]

La excusa de la crisis

Fue precisamente en ese momento, en que tanto el feminismo institucional —volcado en la reforma legislativa—

22. Rosa María Rodríguez Magda (ed.), *op. cit.*, pp. 97-98.

como la militancia —enfrascada en nuevos debates e incorporando a todo un contingente de mujeres jóvenes— estaban en un momento dulce tras la crisis sufrida por el feminismo español durante los últimos años del siglo xx, cuando toda la reforma se puso en peligro.

«En solidaridad con las mujeres españolas.» La frase, habitual en la España franquista pero insólita desde hacía más de treinta años, se volvió a escuchar en las capitales europeas y latinoamericanas: París, Londres, San Juan (Puerto Rico), Edimburgo, Toulouse, Bruselas... El detonante fue la aprobación en el Consejo de Ministros del 20 de enero de 2014 del anteproyecto de ley de Protección de la Vida del Concebido y de los Derechos de la Mujer, el texto con el que el Gobierno de Rajoy pretendía modificar la ley sobre el aborto eliminando completamente el derecho de las mujeres a decidir sobre su maternidad. No se trataba solo de reformar una ley. En realidad, su anteproyecto era la guinda de una legislatura que en poco más de dos años acabó desmantelando las políticas de igualdad. De hecho, desde que los populares entraron en el Gobierno y hasta que anunciaron la nueva ley del aborto, España había caído ya 19 puestos en el informe sobre brecha de género que realiza cada año el Foro Económico Mundial. Cuando el entonces ministro de Justicia, Alberto Ruiz Gallardón, aseguró que «el derecho fundamental de las mujeres es ser madres», estaba anunciando la España en blanco y negro a la que quería devolver a las mujeres.

Los populares utilizaron la crisis financiera de 2008, que pronto se convertiría en crisis económica, para poner en marcha una serie de políticas de «ajuste» y «austeridad» que recortaron el incipiente estado del bienestar cargando, de nuevo, sobre los hombros de las mujeres el grueso del trabajo doméstico y de cuidados. La expresión de desdén con la que Esperanza Aguirre se refirió en su día al Ministerio de Igualdad —«igual da»— parecía haberse convertido en la línea ideológica del Gobierno de Rajoy en lo que a las políticas de igualdad se refiere. En la primera foto en las escaleras del Palacio de la Moncloa, ya estaba claro que el nuevo Gobierno se saltaba desde el mismo día de su nacimiento el artículo 16 de la Ley de Igualdad, el que se refiere a que los poderes públicos procurarán atender al principio de presencia equilibrada de mujeres y hombres en los nombramientos. Las mujeres representaban un 28,5 % de los miembros del gabinete, cuatro mujeres con cartera frente a nueve hombres más el presidente. La paridad había desaparecido del Consejo de Ministros. A partir de ahí, la devaluación de las políticas de igualdad fue una constante, comenzando por la desaparición de la Secretaría de Estado de Igualdad, a la que ya Zapatero había reducido el Ministerio de Igualdad, que quedó asumida por la de Servicios Sociales y la pérdida de autonomía del Instituto de la Mujer después de treinta años de historia. Las mujeres no superaban el 30 % de los altos cargos del Gobierno y la brecha de género no paraba de aumentar, como señalaba el informe del Foro Económico Mundial. Si España había conseguido el puesto número 11 en 2010 de los 135 países que analizaba el informe, en 2013 se situaba en el número 30. El Foro destacaba negativamente la gran brecha salarial, donde España ocupaba el puesto 116, la escasa participación pública y política de las mujeres (puesto 76) y las pocas oportunidades de empleo de calidad (puesto 58).

Solo se mantenía el liderazgo del ranking en dos aspectos: en el número de universitarias y en esperanza de vida.

Las expertas en política de igualdad hablaban de una ofensiva en todos los frentes. Así, a la desaparición de organismos y políticas específicas en igualdad, había que sumarle los recortes presupuestarios, las reformas consideradas como «neutras» (reforma laboral, reducción de puestos de trabajo en el sector público, adelgazamiento hasta la anorexia del estado del bienestar o desmantelamiento de los servicios públicos esenciales) y las reformas ideológicas (ley de educación, reforma del Código Penal o anteproyecto de modificación de la ley del aborto) que, en conjunto, suponían un maratón en el túnel del tiempo. En palabras de Almudena Fontecha, secretaria ejecutiva de Igualdad de UGT en 2014: «Si quitásemos el color a la televisión pensaríamos que estamos en la España de hace cuarenta años. Se suceden los discursos que yo estaba segura de que no volvería a oír. Donde hace apenas dos años hablábamos de mujeres ahora solo se habla de familia. Nuestra realidad está volviendo al gris».

La disminución de la partida para Igualdad en los Presupuestos Generales del Estado fue una constante. En 2014, el ministerio más recortado era el de Sanidad, Servicios Sociales e Igualdad, que bajaba en 1.907 millones de euros, el 35,6 % respecto al año anterior. Estos drásticos recortes se llevaban produciendo desde los primeros presupuestos de la era Rajoy, los de 2012, en los que se disminuyó el presupuesto para el Instituto de la Mujer y en general para la igualdad de oportunidades entre hombres y mujeres, en un 19,9 %, porcentaje superior al del conjunto de los ministerios (el 16,9 %) y el de la Delegación del Gobierno contra la Violencia de Género en un 21,3 %. El año siguiente aún fue peor. En 2013, las políticas de igualdad se recortaron en un 24 % respecto a 2012, casi el triple de la media de los ministerios (el 8,9 %), y la lucha contra la violencia de género el 7 %. Esto supuso que, en 2013, estas políticas sumasen el 0,017 % de los Presupuestos Generales del Estado. Tanto en 2012 como en 2013, el preceptivo informe de impacto de género de los PGE señalaba que estos tendrían un impacto positivo en la reducción de las desigualdades.

En 2014 ya se omite esa valoración, aunque en ningún caso se señala el impacto negativo a pesar de que desde 2011 las políticas de igualdad hayan sufrido un recorte del 38,79 %; en el mismo período de tiempo, el presupuesto destinado a combatir la violencia de género había descendido en un 28 % y el Instituto de la Mujer acumula desde 2011 un recorte del 34,2 %. El descenso no solo se manifiesta en las cifras globales. Del total del presupuesto en Igualdad entre mujeres y hombres para 2014, el 33,13 % estaba destinado a gastos de personal; el 39,58 %, a gasto corriente, por lo que solo el 27,29 % se dedica a actuaciones relacionadas con la igualdad. Y a esta situación había que sumarle que los programas de Formación y Fomento de Empleo Femenino que llevaban a cabo las Comunidades Autónomas se habían recortado en un 64,46 % respecto a los presupuestos del año anterior y en un 97,02 % en los últimos tres años. Las ayudas a proyectos de investigación sobre temas de género I + D + I se redujeron en un 21,5 % —esta partida se vio reducida en un 47,36 % en los tres primeros años de gobierno conservador— y también se redujeron en un 5,7 % las prestaciones por maternidad, paternidad, riesgo durante el embarazo y riesgo durante la lactancia natural. El recorte de esta partida respecto a 2011 fue del 8,77 %.

Con todo, lo que más impacto tuvo en la vida de las mujeres fueron los recortes de los servicios públicos que volvían a cargar sobre las mujeres los cuidados que el Estado ya no ofrecía. De nuevo las mujeres tuvieron que suplir la falta de comedores escolares, de escuelas infantiles, del cuidado de dependientes... con un trabajo gratuito en los hogares. Eso significaba una carga de profundidad contra la independencia económica de las mujeres. La apuesta del Gobierno de Rajoy por el empleo a tiempo parcial como simulacro de empleo y las modificaciones que la reforma laboral impuso en su regulación suponían la imposibilidad en la práctica de organizarse la vida gracias al margen que consentían a las empresas para modificar los horarios y la carga de trabajo, así como la discreción que les otorgaban en el manejo de las horas extraordinarias. En este contexto, la reforma de la ley del aborto, que aparentemente no tenía nada que ver, estaba en la misma línea, en la voluntad de retrotraer a las mujeres a las tareas domésticas y maternales.

Otro torpedo directo a la línea de flotación de la igualdad entre mujeres y hombres lo tiró el ministro Wert con su ley de educación. En octubre de 2013, se aprobaba la Ley Orgánica para la Mejora de la Calidad Educativa (LOMCE) y con ella se reformaba por la puerta de atrás tanto la Ley de Igualdad como la ley contra la violencia de género. Con la LOMCE se eliminaba la coeducación y desaparecían del currículo escolar la asignatura de educación para la ciudadanía, la perspectiva de género y la lucha contra la violencia de género. Es decir, invalidaba el artículo 23 sobre la educación para la igualdad de mujeres y hombres; el artículo 24 sobre la integración del principio de igualdad en la política de educación; el 25, que se refiere a la igualdad en el ámbito de la educación superior de la Ley Orgánica 3/2007 para la Igualdad Efectiva entre Mujeres y Hombres, así como todo el capítulo I de la Ley Orgánica 1/2004 de Medidas de Protección Integral contra la Violencia de Género, que se refiere a las medidas en el ámbito educativo. Por el contrario, introducía la asignatura de religión como evaluable, siguiendo las exigencias de la Conferencia Episcopal que ya en mayo de 2013, durante la elaboración de la ley, hizo público el documento «Orientaciones pastorales para la coordinación de la familia, la parroquia y la escuela en la transmisión de la fe», según el cual: «Los profesores deben ser conscientes de que la enseñanza religiosa escolar ha de hacer presente en la escuela el saber científico, orgánico y estructurado de la fe, en igualdad académica con el resto de los demás saberes». La Ley de Wert también permitía financiar con fondos públicos los centros que segregan por sexo.

Como señala la premio Pulitzer Susan Faludi en su libro *Reacción. La guerra no declarada contra la mujer moderna*, en el reconocimiento de los derechos y libertades de las mujeres hay dos máximas históricas: la primera, que cada conquista se acompaña de la consabida reacción patriarcal, y la segunda es que cualquier avance puede ser reversible.

La reacción patriarcal no se desencadenó porque en España se hubiese conseguido la igualdad real, sino, como diría Faludi, porque parecía que se podía llegar a conseguir, porque el nuevo edificio legal comenzaba a dar pasos sólidos hacia ella. La degradación del Ministerio de Igualdad a Secretaría de Estado, dentro del Ministerio de Sanidad, fue el pistoletazo de salida para arramblar con todas las conquistas anteriores, y el Tren de la Libertad fue el inicio de la revuelta, el inicio de una reacción feminista urgente y necesaria ante un retroceso doloroso tanto en derechos y libertades como en las condiciones de vida de las mujeres. Una movilización que se saldó con una rotunda victoria, pero que, además, dejó el aprendizaje político de cómo el feminismo podía trabajar unido y de manera eficaz. Una experiencia política que tuvo continuidad.

El tsunami español

El 1 de febrero de 2014, Madrid se desbordaba con el Tren de la Libertad. Miles de personas que llegaban de Asturias, Alicante, Salamanca, Sevilla, Palencia, Euskadi..., de todos los rincones. Otras tantas que viajaban desde Francia, Portugal o Italia, y muchos miles más que coreaban aquello de «en solidaridad con las mujeres españolas», se manifestaban en media Europa y varias capitales de América Latina. En Buenos Aires, en Edimburgo, en Londres, en París o en Madrid se escuchó con la emoción y la firmeza de lo irrenunciable «yo decido».

Fue un movimiento espontáneo que nació del «algo tenemos que hacer», del «nosotras no lo vamos a consentir», del cabreo sordo de las mujeres de la tertulia feminista Les Comadres y de las mujeres por la igualdad de Barredos que, en un café de Gijón, decidieron, al día siguiente de Navidad, que ellas iban a Madrid a decir lo que pensaban. Una decisión espontánea a la que se sumó todo el movimiento feminista y la mayoría de la sociedad española. Un torrente de voces que decidieron defender aquella ley de salud sexual y reproductiva y de interrupción voluntaria del embarazo que tanto había costado sacar adelante porque la vida, la salud y la libertad de las mujeres estaba en juego y la sociedad no estaba dispuesta a meterse en el túnel del tiempo que nos llevaba cuarenta años atrás.

El 23 de septiembre, el presidente Rajoy confirmaba la retirada del anteproyecto de aquella ley que habían llamado Ley de Protección de la Vida del Concebido y de los Derechos de la Mujer Embarazada. A las cuatro horas, el ministro Gallardón no solo dimitía de su cargo, sino que además abandonaba la actividad política a la que se había dedicado toda su vida.

El Tren de la Libertad fue la locomotora, desde aquel 1 de febrero que se puso en marcha: el feminismo en España ya no ha parado de manifestarse de forma rotunda. El 7 de noviembre de 2015, el feminismo volvió a salir a las calles para exigir la erradicación de la violencia de género y un pacto de Estado que pusiera en marcha medidas urgentes y efectivas contra ella. Convocatoria tras convocatoria, 25 de noviembre, 8 de marzo, campañas en apoyo a Juana Rivas o a la víctima de La Manada —cuando en todos los rincones del país se podía escuchar «Yo sí te creo» y «Aquí estamos las feministas»—..., la respuesta es más numerosa y rotunda. El 8 de marzo de 2018, el feminismo en España hizo una tremenda demostración de su fortaleza. Fue una movilización sin precedentes que colocó a España en la vanguardia del feminismo mundial.

Así, tras los años de espectacular desarrollo legislativo, llegó la reacción patriarcal y con ella el retroceso en las políticas de igualdad, el incremento de la violencia, el aumento de las brechas..., una situación cotidiana de desigualdad provocaba una reacción feminista contra esa nueva misoginia desconocida hasta el momento. Un tsunami de verdad y hartazgo, de infinito cansancio, de asco e indignación. Buena parte de la sociedad mostraba su firme decisión de acabar con la desigualdad y, especialmente, con la violencia de género en todas sus manifestaciones. Las bases están puestas; la conciencia, extendida; los liderazgos, numerosos y consolidados; las voces, afinadas; el objetivo es claro y, por primera vez, el silencio se ha roto.

Bibliografía

Amorós, Celia, *Tiempo de feminismo*, Madrid, Cátedra, 2008.

Anzaldúa, Gloria, *Borderlands/La Frontera. La nueva Mestiza*, trad. de Carmen Valle, Madrid, Capitán Swing, 2016.

Bastarós, María, Segarra, Nacho M. y Daura, Cristina, *Herstory: Una historia ilustrada de las mujeres*, Barcelona, Lumen, 2018.

Bernini, Lorenzo, *Las teorías queer. Una introducción*, Barcelona, Egales, 2017.

Braidotti, Rosi, *Feminismo, diferencia sexual y subjetividad nómade*, Barcelona, Gedisa, 2015.

Butler, Judith, *El género en disputa. El feminismo y la subversión de la identidad*, Barcelona, Paidós, 2007.

—, *Cuerpos aliados y lucha política. Hacia una teoría performativa de la asamblea*, Barcelona, Paidós, 2017.

Cameron, Deborah, *Feminismo*, trad. María Enguix Tercero, Madrid, Alianza editorial, 2019.

CHOLLET, Mona, *Brujas*, trad. Gema Moral, Barcelona, Ediciones B, 2019.

COBO, Rosa, *Fundamentos del patriarcado moderno. Jean Jacques Rousseau*, Madrid, Cátedra, col. Feminismos, 1995.

—, *La prostitución en el corazón del capitalismo*, Madrid, Catarata, 2017.

—, *Aproximaciones a la teoría crítica feminista*, Lima, Cladem, 2014.

DAVIS, Ángela, *Mujeres, raza y clase*, Madrid, Akal, 2005.

—, *Autobiografía*, trad. Esther Donato, Madrid, Capitán Swing, 2017.

DE PIZÁN, Christine, *La ciudad de las Damas*, trad. de Marie-José Lemarchand, Madrid, Siruela, 2.ª ed., 2001.

DUMAS, Alexandre, *L'Homme-Femme*, París, Michel Lévi Frères Éditeurs, 1872.

EKMAN, Kajsa Ekis, *El ser y la mercancía. Prostitución, vientres de alquiler y disociación*, Barcelona, Edicions Bellaterra, 2017.

FALCÓN, Lidia, *Los nuevos mitos del feminismo*, Madrid, Vindicación Feminista, 2000.

FALUDI, Susan, *Reacción. La guerra no declarada contra la mujer moderna*, trad. Francesc Roca, Barcelona, Anagrama, 1993.

FEDERICI, Silvia, *Calibán y la bruja. Mujeres, cuerpo y acumulación originaria*, Madrid, Traficantes de Sueños, 2014.

FRAISSE, Geneviève, *Musa de la razón*, Madrid, Cátedra, 1991.

FRASER, Nancy y BUTLER, Judith, *¿Reconocimiento o redistribución? Un debate entre marxismo y feminismo*, Madrid, Traficantes de Sueños, 2016.

Fraser, Nancy, Arruzza, Cinzia y Bhattacharya, Tithi, *Manifiesto de un feminismo para el 99 %*, Barcelona, Herder Editorial, 2019.

Galofre, Pol y Missé, Miquel (eds.), *Políticas trans. Una antología de textos desde los estudios trans norteamericanos*, Barcelona, Egales, 2015.

Garcés, Marina, *Nueva ilustración radical*, Barcelona, Anagrama, 2017.

Gil, Silvia L., *Nuevos feminismos. Sentidos comunes en la dispersión. Una historia de trayectorias y rupturas en el Estado español*, Madrid, Traficantes de Sueños, 2011.

Gimeno, Beatriz, *La prostitución*, Barcelona, Edicions Bellaterra, 2012.

González, Alba, *Contra la destrucción teórica. Teorías feministas en la España de la Modernidad*, Oviedo, KRK, 2018.

González, Núria, *Vientres de alquiler*, Madrid, LoQueNoExiste, 2019.

Hill Collins, Patricia, *Black Feminist Thought: Knowledge, Consciousness and the Politics of Empowerment*, Nueva York, Routledge, 2000.

Hodges, Kate y Papworth, Sarah, *Vidas extraordinarias. Lazos entre mujeres que han cambiado el mundo*, Barcelona, Lunwerg, 2018.

hooks, bell, *El feminismo es para todo el mundo*, Madrid, Traficantes de Sueños, 2017.

Jabardo, Mercedes (ed.), *Feminismos negros. Una antología*, Madrid, Traficantes de Sueños, 2012.

López, Silvia, *Los cuerpos que importan en Judith Butler*, Madrid, Dos Bigotes, 2019.

López Penedo, Susana, *El laberinto queer. La identidad en tiempos de neoliberalismo*, Madrid, Egales, 2016.

Lorde, Audre, *Zami. Una automitografía*, Madrid, horas y HORAS, 2009.

—*La hermana, la extranjera*, Madrid, Horas y Horas, 2003.

Lucía, Lourdes (dir.), *El atlas de las mujeres en el mundo. Las muchas históricas y los desafíos actuales del feminismo*, Madrid, Clave Intelectual, 2018.

Meloni, Carolina, *Las fronteras del feminismo. Teorías nómadas, mestizas y postmodernas*, Madrid, Editorial Fundamentos, 2012.

Millett, Kate, *Política sexual*, Aguilar, México D. F., 1975.

Money, John; Tucker, Patricia, *Asignaturas sexuales*, Barcelona, A.T.E., 1978.

Montanaro, Ana Marcela, *Una mirada al feminismo decolonial en América Latina*, Madrid, Dykinson, 2017.

Moreno, Rebeca (coord.), *Feminismos. La historia*, Madrid, Akal, 2019.

Nogueira, Charo, *La mujer que dijo basta. La larga lucha por la igualdad y contra la violencia de género en España (1970-2017). Memorias de Ana María Pérez del Campo Noriega*, Madrid, Libros.com, 2018.

Nuño, Laura y De Miguel, Ana (dirs.), *Elementos para una teoría crítica del sistema prostitucional*, Granada, Las Comares, 2017.

Offen, Karen, *European Feminisms 1700-1950. A political History*. Standford, Standford University Press, 2000.

Pardo Bazán, Emilia, *La mujer y otros escritos*, Madrid, Cátedra, 1999.

Platero, R. Lucas; Rosón, María y Ortega, Esther (eds.), *Barbarismos queer y otras esdrújulas*, Barcelona, Edicions Bellaterra, 2017.

Posada, Adolfo, *Feminismo*, Madrid, Librería de Fernando Fé, 1899.

Posada, Luisa, *¿Quién hay en el espejo? Lo femenino en la filosofía contemporánea*, Madrid, Cátedra, 2019.

Preciado, Beatriz, *Manifiesto contra-sexual*, Madrid, Opera Prima, 2002.

—, *Testo yonki*, Madrid, Espasa-Calpe, 2008.

Ranea, Beatriz, *Feminismos. Antología de textos feministas para uso de las generaciones más jóvenes y de las que no lo son tanto*, Madrid, Catarata, 2019.

Rich, Adrienne, *Ensayos esenciales. Cultura, política y el arte de la poesía*, trad., Mireia Bofill Abelló, Madrid, Capitán Swing, 2019.

Rodríguez Magda, Rosa María, *La mujer molesta. Feminismos postgénero y transidentidad sexual*, Ménades Editorial, 2019.

—, (ed.), *Sin género de dudas. Logros y desafíos del feminismo hoy*, Madrid, Biblioteca Nueva, 2015.

Rowbotham, Sheila, *Feminismo y revolución*, Madrid, Debate, 1978.

Sandel, Michael J., *Lo que el dinero no puede comprar*, Madrid, Debate, 2013.

Sau, Victoria, *Diccionario ideológico feminista*, vol. I, Barcelona, Icaria, 2000.

—, *Diccionario ideológico feminista*, vol. II, Barcelona, Icaria, 2001.

Sendón de León, Victoria, *Marcar las diferencias. Discur-*

sos feministas ante un nuevo siglo, Barcelona, Icaria, 2002.

SIMMEL, Georg, *The Philosophy of money. Rotledge*, Londres, 1990.

SIPI, Remei, *Mujeres africanas. Más allá del tópico de la jovialidad*, Barcelona, Wanafrica, 2018.

SOLÁ, Miriam y URKO, Elena (compiladoras), *Transfeminismos. Epistemes, fricciones y flujos*, Tafalla, Txalaparta, 2013.

SOLNIT, Rebecca, *Esperanza en la oscuridad. La historia jamás contada del poder de la gente*, Madrid, Capitán Swing, 2017.

STOLLER, Robert J., *Sex and Gender*, Nueva York, Science House, 1968, pp. VIII y IX del prefacio (citado por Kate Millet, *Política sexual*, México D. F., Aguilar, 1975, p. 39, trad. española de Ana María Bravo García).

SUÁREZ NAVAZ, Liliana y HERNÁNDEZ, Rosalva Aída (eds.), *Descolonizando el feminismo. Teorías y prácticas desde los márgenes*, Madrid, Cátedra, 2011.

VALCÁRCEL, Amelia, «La memoria colectiva y los retos del feminismo», en VALCÁRCEL, Amelia y ROMERO, Rosalía (eds.), *Los desafíos del feminismo ante el siglo XXI*, Sevilla, Instituto Andaluz de la Mujer, 2000.

—, *Rebeldes hacia la paridad*, Barcelona, Plaza & Janés, 2000.

VARELA, Nuria, *Íbamos a ser reinas. Mentiras y complicidades que sustentan la violencia contra las mujeres*, 2.ª ed., Barcelona, Ediciones B, 2002.

—, *Feminismo para principiantes*, Barcelona, Ediciones B, 2019.

—, *Cansadas*, Barcelona, Ediciones B, 2017.

Wajcman, Judy, *El tecnofeminismo*, Madrid, Cátedra, 2006.

Wolf, Naomi, *El mito de la belleza*, Barcelona, Emecé Editores, 1991.

Ziga, Itziar, *Malditas*, Tafalla, Txalaparta, 2014.

Artículos y documentos

Aguilar, Teresa «El sistema sexo-género en los movimientos feministas», *Amnis* [En línea], 8 | 2008, Publicado el 01 septiembre 2008, consultado el 12 junio 2019. URL: http://journals.openedition.org/amnis/537; DOI: 10.4000/amnis.537

Ares Arroyo, Loreto, y Pedraz Poza, Sara, «Influencias del postfeminismo en España: Evolución de los cánticos de las manifestaciones feministas españolas», Universidad Autónoma de Madrid

Beltrane, Sara, Angela Davis: «La esperanza revolucionaria se encuentra en las mujeres que son abandonadas por la historia», Píkara, 21/11/2017. https://www.pikaramagazine.com/2017/11/angela-davis/

Boucher, Joanne y Olivares, Cecilia, «Betty Friedan y el pasado radical del feminismo liberal», *Debate Feminista*, Vol. 35 (ABRIL 2007), pp. 277-294.

Bracke, Sarah y Paternotte, David (ed.) «¡Habemus género! La iglesia católica e ideología de género», Género&Política en América Latina (G&PAL), Río de Janeiro (Brasil). https://sxpolitics.org/es/genero-politica-en-america-latina/4182

Butler, Mary G. «Sojourner Truth. A Life and Legacy of

Faith», Sojourner Truth Institute of Battle Creek y Historical Society of Battle Creek.

Cobo, Rosa, «Aproximaciones a la teoría crítica feminista», CLADEM, Lima, Boletín del Programa de Formación n.º 1, año 1, abril 2014.

—, «La cuarta ola: La globalización del feminismo», *Revista de Trabajo Social Hoy*, Colegio Oficial de Trabajo Social de Madrid. Segundo cuatrimestre, 2019.

Cochrane, Kira, «La cuarta ola del feminismo», *The Guardian*, 22 enero 2014. http://www.lrmcidii.org/la-cuarta-ola-del-feminismo-por-kira-cochrane/

Fraser, Nancy, «Iustitia Interrupta. Reflexiones críticas desde la posición postsocialista», Bogotá, Ed. Siglo del Hombre/Universidad de los Andes, 1997.

García Manso, Almudena, «Cyborgs, mujeres y debates. El ciberfeminismo como teoría crítica», *BARATARIA* Revista Castellano-Manchega de Ciencias Sociales n.º 8, pp. 13-26, 2007, ISSN: 1575-0825; e-ISSN: 2172-3184 DOI: http://dx.doi.org/10.20932/barataria.v0i8.202

Gimeno, Beatriz, «A vueltas con la prostitución», diario.es, 1 de septiembre de 2018. https://www.eldiario.es/tribunaabierta/vueltas-prostitucion_6_809879009.html

Gopegui, Belén, «Será feminista. Un taller de feminismo para principiantes en la puerta del Sol», *Rebelión*, mayo 2011.

Guzmán, Virginia y Bonan, Claudia. «Feminismo y Modernidad.» *Debate Feminista*, vol. 35, 2007, pp. 257-274. *JSTOR*, www.jstor.org/stable/42624986

Haraway, Donna, *Manifiesto para cyborgs. Ciencia, tecnología y feminismo socialista a finales del siglo XX*, 1984.

https://xenero.webs.uvigo.es/profesorado/beatriz_sua rez/ciborg.pdf

HAWKESWORTH, Mary, «Confundir el género», *Debate Feminista*, México, Metis Productos culturales, año 10, vol. 20, octubre de 1999, pp. 3-48. http://www.debate feminista.pueg.unam.mx/wp-content/uploads/2016/03/articulos/020_01.pdf

MEDINA, Rocío, «Ecos y puentes. Feminismos descoloniales», *El Topo*, 14 mayo 2015. http://eltopo.org/?s=Ecos +y+puentes.+Feminismos+descoloniales

MELONI, Carolina, «Bárbara y mestiza: el feminismo de Gloria Anzaldúa», *El Salto*, 7 de marzo 2019, https://www.elsaltodiario.com/el-rumor-de-las-multitudes/barbara-y-mestiza-el-feminismo-de-gloria-anzal dua

MIYARES, Alicia (11-03-2018). «La «cuarta ola» del feminismo, su agenda». *Tribuna Feminista.* https://tribunafe minista.elplural.com/2018/03/la-cuarta-ola-del-femi nismo-su-agenda/

MONTAGUT, Eduardo, *El sufragio femenino en Nueva Zelanda*, *Los ojos de Hipatia*, 2017 https://losojosdehipa tia.com.es/cultura/historia/el-sufragio-femenino-en-nueva-zelanda/

MONTERO, Justa, «Movimiento feminista: una trayectoria singular». *Mientras Tanto*, n.º 91-92, 25 años de movimientos sociales, verano-otoño de 2004, pp. 107-121.

NUÑO, Laura, «Una nueva cláusula del Contrato Sexual: vientres de alquiler», *Isegoría. Revista de Filosofía Moral y Política*, n.º 55, julio-diciembre, 2016, 683-700, ISSN: 1130-2097 doi: 10.3989/isegoria.2016.055.15 http://isegoria.revistas.csic.es/index.php/isegoria/article/view/961/959

Papa Juan Pablo II, *Carta a las mujeres*, 29 de junio de 1995. https://w2.vatican.va/content/john-paul-ii/es/letters/1995/documents/hf_jp-ii_let_29061995_women.html

PINEDA, Empar, «Un feminismo que tambíen existe», *El País*, 18 de marzo de 2006. https://elpais.com/diario/2006/03/18/opinion/1142636413_850215.html

POSADA, Luisa, «De la diferencia como identidad: génesis y postulados contemporáneos del pensamiento de la diferencia sexual», *Araucaria*, vol. 8, n.º 16, 2006. https://revistascientificas.us.es/index.php/araucaria/article/view/1130/1026

SANTA CRUZ, Isabel, «Sobre el concepto de igualdad: algunas observaciones». *Isegoría*, n.º 6, 1992. http://isegoria.revistas.csic.es/index.php/isegoria/article/view/329

SOLLFRANK, Cornelia, «La verdad sobre el ciberfeminismo», trad. Eva Guil Walls y Remedios Zafra. Texto traducido para la exposición «Habitar en (punto)net», http://www.remedioszafra.net/mcv/pensamiento/tx/text_cs_c.html

TAJAHUERCE, Isabel, MATEOS, Cristina y MELERO, Rut, «Análisis feminista de las propuestas poshumanas de la tecnología patriarcal», *Chasqui. Revista Latinoamericana de Comunicación* n.º 135, agosto-noviembre 2017 (Sección Monográfico, pp. 123-141), https://revistachasqui.org/index.php/chasqui/article/view/3193/2936

Tertulia Feminista Les Comadres (2014), Manifiesto: El Tren de la Libertad.

VÉLIZ, Carissa, «Inteligencia artificial: ¿progreso o retroceso?», *El País*, 14 de junio de 2019. https://elpais.com/

elpais/2019/06/13/opinion/1560421249_824783.html?
id_externo_rsoc=TW_CC

Zafra, Remedios, «Ciberfeminismo bases y propuestas en un mundo global», http://www.remedioszafra.net/mcv/pensamiento/tx/text_rz3.html

OTROS TÍTULOS DE LA AUTORA

Íbamos a ser reinas
Mentiras y complicidades que sustentan la violencia contra las mujeres

NURIA VARELA

La violencia contra las mujeres en el siglo XXI perdura con la misma fuerza con que ha recorrido toda la historia de la humanidad. Los agresores no son locos ni enfermos; ni su edad ni la pobreza ni el alcohol los justifican. Desde su primera aparición, *Íbamos a ser reinas* se ha convertido en el libro esencial para desentrañar por qué se tortura a las mujeres en sus propias casas, cómo lo soportan ellas y qué mecanismos sociales, educativos, legales y religiosos actúan como cómplices eficaces para que la sociedad no se decida a terminar con una plaga que cada año asesina a mujeres en España y en todo el mundo.

Íbamos a ser reinas propone un recorrido por el espinoso tema de la violencia de género: revisa los mitos y errores que corren sobre la violencia contra las mujeres, habla del miedo, habla del sexo, habla de las desiguales relaciones de poder que rigen en muchas parejas, y aborda el maltrato en sus vertientes psicológicas, judicial, social y familiar. También alude a la libertad y al derecho a una vida digna, ofrece cifras actualizadas y presenta una pequeña guía de recursos sociales al alcance de todas aquellas personas que puedan necesitarlos.

Feminismo para principiantes

NURIA VARELA

¿Quiénes eran las sufragistas? ¿De dónde sale el feminismo radical? ¿Por qué se habla de marxismo y feminismo como de un matrimonio mal avenido? ¿Por qué el feminismo ha sido vilipendiado y ridiculizado?

¿Por qué las feministas han sido tratadas de marimachos, feas o mujeres sexualmente insatisfechas? ¿Cómo y dónde surge la expresión «violencia de género»? ¿En qué consiste la masculinidad tradicional?

A partir de estos interrogantes, y otros muchos, Nuria Varela repasa tres siglos de hacer y deshacer el mundo, de alumbrar teorías, propuestas y liderazgos fascinantes, y narra la aventura de una agitación social que ningún otro movimiento ha conseguido mantener durante tanto tiempo.

Cansadas

NURIA VARELA

Una reacción feminista frente a la nueva misoginia.

Cansadas es el sugerente título del nuevo libro de la autora de *Íbamos a ser reinas* y *Feminismo para principiantes* (publicados por Ediciones B). En él evidencia las nuevas y sutiles formas del patriarcado para seguir discriminando a las mujeres bajo el velo de la igualdad, nuevas formas de sexismo y de misoginia, más encubiertas pero igual de machistas.

A estas alturas, resulta casi imposible cambiar actitudes y valores en un cuerpo agotado por la doble y triple jornada, por las microviolencias y micromachismos diarios —en el trabajo y en las relaciones personales—, por la exigencia del mito de la belleza y la eterna juventud, la medicalización excesiva del cuerpo y la patologización de todos los procesos naturales de nuestros cuerpos. Invisibles. Nos hemos hecho mayores y no nos gusta lo que vemos. Es tiempo de nuestra propia reacción.

NURIA VARELA

Feminismo para principiantes
(edición ilustrada)

NURIA VARELA

El feminismo es la linterna que revela las sombras de todas las grandes ideas gestadas y desarrolladas sin las mujeres y, en ocasiones, a costa de ellas [...] Las feministas empuñamos esa linterna con orgullo por ser la herencia de millones de mujeres que, partiendo de la sumisión forzada y mientras eran atacadas, ridiculizadas y vilipendiadas, supieron construir una cultura, una ética y una ideología nuevas y revolucionarias para enriquecer y democratizar el mundo. La llevamos con orgullo porque su luz es la justicia que ilumina las habitaciones oscurecidas por la intolerancia, los prejuicios, los abusos. La llevamos con orgullo porque su luz nos da la libertad y la dignidad que hace ya demasiado tiempo nos robaron en detrimento de un mundo que sin nosotras no puede considerarse humano.

NURIA VARELA